班主任专业能力提升培训系列丛书

校园心理危机识别与干预

主　编　齐德才　黄　琦
副主编　杨丽芳　李清月
参　编　商　亮　李　霞　张　烨
　　　　郜广存　苏　毅

机械工业出版社

本书围绕校园心理危机识别与干预这一中心议题，设置校园心理危机干预体系建设导览、人际交往、学习就业、自我认知、情绪情感、社会适应和社会化六个版块，以案例分析的形式，通过解析校园欺凌、攻击行为、失恋、意外怀孕、师生冲突、嫉妒、焦虑、厌学、体像烦恼、性别认同烦恼、暴躁、抑郁、强迫、自残、网络游戏成瘾等常见案例，帮助职业学校及中小学的班主任和德育干部准确识别、应对和干预学生心理危机。

图书在版编目（CIP）数据

校园心理危机识别与干预/齐德才，黄琦主编．—北京：机械工业出版社，2020.8
(2025.1重印)
(班主任专业能力提升培训系列丛书)
ISBN 978-7-111-66214-3

Ⅰ．①校… Ⅱ．①齐… ②黄… Ⅲ．①校园—心理干预 Ⅳ．①G444

中国版本图书馆CIP数据核字（2020）第137261号

机械工业出版社（北京市百万庄大街22号 邮政编码100037）

策划编辑：李 兴 责任编辑：李 兴
责任校对：朱继文 封面设计：鞠 杨
责任印制：张 博

北京建宏印刷有限公司印刷

2025年1月第1版第5次印刷
169mm×239mm・10印张・172千字
标准书号：ISBN 978-7-111-66214-3
定价：48.00元

电话服务
客服电话：010-88361066
010-88379833
010-68326294

网络服务
机 工 官 网：www.cmpbook.com
机 工 官 博：weibo.com/cmp1952
金 书 网：www.golden-book.com
机工教育服务网：www.cmpedu.com

前　言

“学校工作千万条，校园安全第一条。”对于学校而言，安全管理工作永远是重中之重。一般来讲，幼儿园、小学的不安全因素主要来自于校园外部，而职业学校及中学的不安全因素主要来自于校园内部，表现为学生个人的纠结及个体间的冲突等。其实，每个纠结和冲突背后都有其心理动机，如果管理者缺乏心理专业知识，“看山是山，看水是水”，只针对表象在管理层面予以解决，其结果只能是治标不治本，甚至会制造新的心理问题。

校园内产生心理危机的人群包括教师和学生，本书主要围绕校园内学生的心理危机进行阐述。校园安全的关键是学生安全，学生安全的关键是心理安全，学生心理安全的关键是老师能识别并干预学生的心理危机。学生心理危机，一般是指学生在遇到突发事件或面临重大挫折和困难时，无法自控和调节个人感知与体验，而出现的情绪与行为严重失衡状态，通常表现为暴躁冲突、孤独寡言、抑郁强迫、绝望麻木、网络成瘾、肢体自残、暴力攻击、轻生自杀等。因为学生心理安全包括但不限于心理危机，所以本书所涉及的心理危机干预案例相对宽泛，旨在帮助学校建立预防性的心理危机干预机制，帮助教师主动识别、正确处理学生常见的心理问题。

最需要救助的病人往往不是疼得哭天抢地的人，而是喊不出疼的人。身处心理危机中的学生，恰恰是喊不出疼的那群人。每位学生都带着过往和故事而来，面对学生的心理纠结与矛盾冲突，教师要主动透过现象看本质，做到“看山不是山，看水不是水”，在心理层面予以关怀、疏导和干预，由此釜底抽薪，消除学生的压力和焦虑，彻底消灭校园安全的隐患。

苏霍姆林斯基说：“要像对荷叶上的露珠一样，小心翼翼地保护学生幼小的心灵。晶莹透亮的露珠是美丽可爱的，却又是十分脆弱的，一不小心露珠滚落，就会破碎，不复存在。”而这种心灵的保护基于教师的理解、陪伴、尊重和无条件的接纳。教师要具备这样一种精神：“从早到晚，我一直生活在他们中间……我的手牵着他们的手，我的眼睛注视着他们的眼睛，我随着他们流泪而流泪，我随着他们微笑而微笑……”在陪伴与尊重中，在理解和无条件的接纳中，让学生找到归属感和信任感，从而获得心理的安全。

本书由齐德才、黄琦担任主编，杨丽芳、李清月担任副主编，商亮、李霞、张烨、郜广存、苏毅参与了编写，书中插图由苏毅绘制。

由于编者水平和时间有限，本书难免存在疏漏和不妥之处，恳请各位同仁与读者批评指正。

编　者

目录

第一篇

校园心理危机干预体系建设导览

一 什么是校园心理危机？

在学校就读的学生，因各种突发的自然、社会或个人重大事件而引发的情绪、认知与行为的严重失衡状态，被称为校园心理危机。

- 情绪失衡：暴躁冲突或抑郁强迫、狂躁多语或孤独少言、痛苦不安或激情难抑、绝望麻木或焦虑烦躁等。
- 冲突性行为：暴力攻击、轻生自杀、肢体自残、离家出走以及吸毒、酗酒、性行为错乱等。

当学生处于心理危机状态时，若能及时得到心理层面的疏导和帮助以及现实层面的支持，就能调整好情绪和行为的失衡状态，自我功能得到提升。若没有得到及时的干预，由于无法自我控制和调节，心理危机事件就可能转换成潜在的压力和焦虑，进而形成严重的心理障碍和心理疾病，直接影响学生人格的健康发展。

二 怎样排查校园心理危机？

1. 三大途径

（1）班主任与心理委员的日常观察。

（2）学校的心理普查。新生入学时，要做心理健康状况量表、环境适应量表和人际关系量表，并对其进行家庭情况和父母教养方式的问卷调查；二、三年级的学生，做人格特质量表、情绪—社交孤独量表（ESLI）和霍兰德职业兴趣测试等量表。通过量表和问卷，筛选出有严重心理问题或心理障碍（如抑郁症、焦虑症、恐惧症、强迫症等）的学生，发现有明显性格异常（如极度偏执、抑郁、敏感等）的学生。

（3）心理教师的辅导工作。心理辅导教师通过学校常规的心理辅导，也可有效识别学生的异常心理。

- 知：注意分析和评估在认识上有没有异常、偏激的观点、看法、论点等。
- 情：注意留心观察在情绪方面的激烈、突然的变化。
- 意：了解学生的生活目标，观察其在遇到困难或阻力时，能否主动调整。
- 行：注意观察行为方面的异常。

2. 五大注意

校园心理危机往往多发于四个特殊时段和一类特殊家庭，尤需注意这五类高发时期及人群的排查。

- 春季。每年的 3 ～ 5 月份，气温转暖易对人的情绪产生影响，心理危机发生的概率增加。
- 新学期开学。新学期刚开学，校园生活与假期生活反差巨大，易诱发或加重部分有严重心理问题学生的危机行为。
- 重大考试前后。重大考试前后，部分学生因家长或学校对其期望过高，或自身对考试的不正确认识导致巨大的心理压力，可能会发生危机行为。
- 重大事件发生后。学习或生活中遭遇突然打击，如人际冲突、教师处罚、亲子冲突等，极易采取极端行为。
- 特殊家庭需特殊关注。单亲、离异、重组家庭或极度贫困、亲子关系冲突严重的家庭以及孤儿等，要随时关注。

三　学校如何建设心理危机干预体系?

（1）成立学校危机干预小组，成员包括校领导、教育主任、教学主任、心理教师、班主任、外聘心理危机干预专家，定期组织召开心理危机排查会议，研讨重大心理危机事件的干预策略。

（2）开通心理危机求助热线电话，并在学校醒目位置张贴公示，做到师生人人知晓。

（3）建设心理危机排查网络，由班主任、科任教师、心理委员、心理教师、宿管员、寝室长等组成，负责心理危机日常观察和识别，及时将排查情况上报学生心理危机干预小组。

（4）建立心理危机预警库，对已经发现有明显性格异常（如极度偏执、抑郁、敏感）或有较严重心理问题（如抑郁、焦虑、恐惧、强迫等）的学生，及时纳入学生心理危机预警库，主动进行约谈和干预。

心理危机预警库

序号	姓名	性别	年级、班级 班主任及电话	危机类别	表现	干预方案	家长姓名 及电话	跟踪记录

（5）建立转介机制。对已经发现的患有极度严重心理问题、无法正常学习和生活的学生，要在征得家长同意后，及时转介到医疗机构进行治疗。与家长沟通时，要做好书面记录或录音记录。

四 面对学生心理危机，学校如何采取干预措施？

学生心理问题的严重程度不同，其所处的心理危机状态也有所差别，因此，学校应根据学生心理危机的严重程度分别采取分级干预措施。中职生心理危机按照严重程度、不同表现以及不同的干预方式，大体可以分为以下三类：

1. 第一类：一般心理危机（占较大比例）

（1）在心理普查或心理辅导中发现存在一般心理问题的学生。

（2）情绪情感的调整能力较差，常因小事焦虑、生气、伤心、冲动等。

（3）人际关系失调，和老师、同学等容易发生矛盾冲突，朋友较少。

（4）学习困难，对成绩不满意，压力较大，信心不足，努力受阻。

（5）在适应新环境、新要求方面比较困难，不容易接纳。

（6）自我期望值较高，对自己的现状不满意，缺乏自我调整的动力和方法。

（7）幼年经历过较为严重的创伤（如家暴）或有长期寄养经历。

（8）由于身边同学出现心理危机状况而受到影响，产生恐慌、担心、焦虑、困扰的学生，如自杀或他杀者的同宿舍、同班的学生等。

一般心理危机一般关注

- 班级心理支持：心理委员进行同伴心理互助支持，优化同伴关系。
- 老师积极关注：增加日常沟通，加强家校交流，给予欣赏鼓励。
- 心理教师辅导：个别心理辅导，团体心理辅导。
- 注重日常观察：排查网络定期沟通观察情况，及时发现心理变化，若严重及时上报。

2. 第二类：严重心理危机（占较少比例）

（1）在心理普查或心理辅导中发现有严重心理问题，并出现明显心理或行为异常的学生。

（2）原生家庭出现危机，如父母分居、离异、家庭成员去世、弟妹出生等。

（3）与同学、教师、父母等发生严重人际（甚至肢体）冲突等。

（4）出现激烈情绪（如暴躁、发怒、易激惹）以及消极宣泄（破坏环境或伤害他人）。

（5）重大考试或事件（比赛、竞赛、评比等）出现严重失败。

（6）情绪长期低落压抑，有强烈焦虑、恐慌、紧张或罪恶感和自责情绪明显。

（7）遭遇突发性创伤或刺激（如性伤害、意外怀孕、自然灾害、校园暴力、交通事故等）。

（8）身体状态出现问题，经常无缘由的、较严重的睡眠问题等。

严重心理危机重点关注

- 及时上报校学生管理部门进行备案。
- 联系家长到校，告知孩子的心理状态及风险，建议接受专业机构诊断。
- 根据诊断结果，若确认能正常上学，学校与家长签订监护承诺，家长履行好监护责任，如确保学生接受治疗，保证按时服药等；若确认不能正常学习，办理休学手续，回家休养治疗。

● 学校、系部、班级三级跟踪关注并提供心理支持。班主任做好跟踪辅导工作，与心理教师保持密切联系，提供专业辅导。

3. 第三类：重大心理危机（占极少比例）

重大心理危机是指患有严重心理障碍（如患有抑郁症、恐惧症、强迫症、焦虑症等）或精神分裂症并已确诊的学生以及自杀未遂或有自杀倾向的学生。相对来说，这部分学生在学校中是极少的。但第二类学生如果得不到及时有效的心理辅导，也可能会转变成第三类学生。

重大心理危机重点警戒

立即通知学生家长将其送往专业医疗机构接受心理评估与治疗，并分成以下几种处理情况：

● 精神疾病急性发作的立即采取措施，由学生管理部门立即转移到安全环境，成立监护小组对其实行24小时全面监护，确保该生的人身安全，同时通知家长到校和报告心理辅导室，对其心理状况进行评估或邀请专家会诊，出具书面意见。

● 有自杀倾向的（发现或知晓其有自杀意念），报告学校心理辅导室，进行评估或由专业精神卫生机构会诊，视严重程度通知家长或采取紧急处理措施。

● 实施自杀行为的，立即送到最近的医疗机构实施紧急救治。同时并及时保护、勘查、处理现场，防止事态失控、扩散和对其他学生产生不良刺激，请求司法协助调查，配合、协调有关部门对事件调查取证。

● 自杀未遂的，经相关部门或专家评估，如需住院治疗，通知家长将其送到专业精神卫生机构治疗；如需回家休息治疗，办理休学手续。

● 有伤害他人意念或行为的，及时上报校学生管理部门，立即采取相应措施，保护双方当事人的安全。由心理辅导室进行评估或由专业精神卫生机构会诊，根据评估意见进行后续处理。

第二篇

人际交往

人际交往，是人们运用语言和非语言符号系统，相互间进行交流信息、沟通情感的过程。本篇通过分析校园欺凌、攻击行为、失恋、意外怀孕、师生冲突等常见的校园人际交往危机案例，帮助老师掌握正确的指导方法，引导学生形成良好的人际交往能力。

01 学会说“不”

——一起校园欺凌事件的反思

一 案例描述

“老师，我真的不想惹事，又给您添这么多麻烦。”坐在班主任马老师对面，小晴神情沮丧，边说话边搓着双手。在班主任的印象里，小晴是个文静内向的女生，她动手打人，一定是有原因的。班主任没有批评小晴，而是鼓励她把事情的原委讲述一遍。

原来，小晴没赶上吃晚饭，就泡了一碗面，同宿舍的李琳说她也要吃，小晴就让给了她，哪知道李琳端起碗就嫌弃味道不好，还骂骂咧咧的。小晴饿着肚子还被骂，顿时火往上撞，冲上前去夺过饭碗，冲着李琳的脸就泼了过去。接着，俩人厮打在一起。

小晴说着低下了头，叹了口气道：“老师，你知道吗？平时我给宿舍打水，替同学搞值日，甚至帮忙打饭，竭尽全力地讨好她们，很努力地想融入她们的圈子，但总是感觉被排挤。她们故意针对我，嘲弄我，给我起外号，有时候往我床上扔垃圾，用我的东西也从来不打招呼，曾经还撬开过橱柜偷吃我的零食……这些我都一忍再忍，这次实在是忍无可忍了！”

除此之外，班主任还了解到李琳先后三次向小晴借钱不还，小晴不想再借给她，但是那个“不”字又说不出口，每次想要回钱，李琳都理直气壮地拒绝，还伙同其他同学说些讽刺挖苦的话。小晴忍气吞声不敢告诉家人和老师，怕给自己招来更大的麻烦。

马老师没有想到在班里竟然发生了这种事情，而自己却浑然不知，更让马老师挠头的是，最近小晴出现了失眠、恐惧、紧张出汗等反应。小晴说：“现在下课我都不敢回宿舍，她们看我的眼神跟以前都不一样，我也不知道今后该怎么跟她们相处，害怕她们又要想出什么别的花样来捉弄我。”

二 案例分析

这是一起典型的由校园欺凌引发学生心理危机的案例。校园欺凌是指在学生之间，一方单次或多次蓄意或恶意通过肢体、语言及网络等手段实施欺负、侮辱，造成另一方出现身体伤害、财产损失或精神损害等的事件。校园欺凌的方式大体有肢体欺凌、言语欺凌、社交欺凌、财物欺凌、网络欺凌和性欺凌等，本案例系由社交、言语、财物三种欺凌引发。

在校园欺凌事件中，被欺凌者往往具备“低自尊人格”。他们在原生家庭中可能长期被父母否定、忽略，没有得到父母应有的关爱和支持，自我价值感差，心理敏感自卑，常常贬低自己，习惯把所有的错都归咎在自己身上，在人际交往中极力讨好别人，却不敢说“不”。

根据调查发现，被欺凌者往往会伴随强烈的精神痛苦，出现紧张、焦虑、难过、害怕、失眠、做噩梦等不良情绪及生理反应。遭遇过校园欺凌的学生与未遭受过校园欺凌的学生相比，更易出现孤独、自卑，有时无法或抗拒与其他人交流，甚至出现创伤性再体验症状，如回避、麻木等症状，更有甚者，可能会有自残、自杀等过激行为。

像小晴同学出现的失眠、恐惧、紧张出汗、不敢回宿舍、不愿意上学等情况，都属于急性应激反应症状，若不对其进行及时干预，很可能会导致其进一步的心理创伤，甚至是出现过激行为，此时需要班主任和学校及时介入，有效干预。

三 干预措施

1. 面对校园欺凌，班主任该如何进行有效预防？

班主任要善于观察班级学生的情绪状态。在校园欺凌中，欺凌者的行为往往比较隐蔽，同时被欺凌者通常因性格内向、自尊心较弱、行为被动、身体弱小。在遭受欺凌时，他们会感到羞耻、恐惧，担心因为“告状”而受到变本加厉的报复，变得更加孤立，或者害怕不被家长理解反而被责骂，因此大多数会像故事中的小晴一样，保持沉默或一忍再忍，而周围同学也会不以为然，觉得不过是开开玩笑、打打闹闹而已。班主任往往不易发现或了解到真实情况，从而无法引起足够的重视。

因此，班主任平时一定要多观察学生，一是甄别出班内强势欺人型和弱势抑郁型的同学，重点把控，针对不同的个性因材施教；二是关注班内非正式组织——“小团体”，及时分化瓦解；三是留意学生言行和情绪变化，多与学生沟通交流，及时发现问题，把问题消灭在萌芽状态。班主任可以在班级和宿舍中安排一名同学作为观察员，专职负责班级成员关系和情绪状态监控，定期上报班级心理状况；也可以利用班会时间，与学生一起学习关于校园欺凌的特征、形式及危害，让学生们谈谈自己曾经被欺负的经历和感受；公布学校值班电话，告诉学生被欺凌时，要及时报告老师、领导和负责安全保卫的人员，不给校园欺凌者留有空间。

2. 欺凌事件发生后，班主任该如何及时、妥善处理？

班级发生欺凌事件后，班主任要四管齐下，予以处理。

第一，认同学生受伤、委屈的内在感受，鼓励其讲清事情经过。面对受欺凌的学生，不要说责备、贬低的话，诸如：“为啥不欺负别人，就欺负你呀？”“可怜之人必有可恨之处”“你怎么那么懦弱，为什么不反抗呀？”等；可以说“发生了这样的事，你一定很难过。”“你的心里是不是很委屈？”“老师会为你保密，能不能把经过说说？”等。老师的理解和关心会让学生获得安全感，能勇敢地将欺凌事件说出来，只有了解了事情的原委，才有助于解决根本问题。

第二，及时和欺凌者沟通。欺凌者的诚意道歉是受欺凌者的最大抚慰。教师要在事实明晰的第一时间和欺凌者进行沟通，了解其欺凌动机，让他换位思考，体验被欺凌者的感受，认识到自己的行为对他人造成的身心伤害，并向被欺凌者公开道歉。根据欺凌严重程度，按照校规校纪对其予以处分，通报批评，使其他同学引以为戒；对欺凌者进行法纪教育，组织其学习学校的《学生管理规定》和相关法律法规，让其认识到欺凌行为可能给自己带来的严重后果。值得注意的是，欺凌者也需要被重视和帮助，如果欺凌者出现反社会人格倾向，则建议找专业心理咨询师进行辅导，一味地责备惩罚，有可能适得其反导致其边缘化。

第三，构建良好的家庭支持系统。遭遇欺凌和暴力行为，学生修复心灵创伤需要家长的陪伴和支持。班主任首先要以同理心对待被欺负孩子的家长焦虑心疼的感受，告诉家长既不要以暴制暴，也不要抱怨斥责孩子，不要对孩子说：

“你这个窝囊废，我怎么生了你这么没用的孩子！”

“你没有手啊，怎么不打他去！”

“怂死了，真给我丢人！”

要安慰孩子，告诉孩子：“这不是你的错！你忍受了那么多，要相信父母和老师会妥善解决的。”让孩子相信家长是可以依靠的。

如果需要的话，家长可以接送孩子上下学一段时间。家长不要过度溺爱干涉，要引导孩子积极参加社交活动，培养孩子独立解决问题的能力。

第四，发挥朋辈作用。班主任找与被欺凌者关系比较好的学生或得力的班干部，对被欺凌者多关心帮助，进行陪伴和安慰。

如果被欺凌者出现自卑、回避、交往障碍等心理问题，则建议找专业心理辅导教师做心理咨询，改善认知，修复心灵，把欺凌伤害降到最低。

3. 面对欺凌事件，班主任需要教给学生哪些反欺凌策略？

情景扮演，增强自我保护。教会学生分辨哪些是欺凌行为，遇到对方不合理的要求和过分的行为，要保持镇定，学会拒绝，要有策略地警示对方，不要害怕被轻视、被孤立。班主任可以设计情景：如同学们在操场上玩耍，一位同学抢走你的眼镜，还起哄叫你“四眼肥猪”，你怎么办？其他几位同学怎么办？让同学们分配角色，参与表演，引导学生认识到说“不”是自信合理的表达方式，练习说“不”的技巧，学会说“不”，具备自我保护的意识和能力。

守住边界，教会学生说“不”。班主任要告诉学生，第一次受到欺凌后的表现是十分重要的。例如，面对李琳第一次借钱不还，等第二次来借钱时就可以说：“对不起，我也没有钱！”温柔而坚定地予以回绝。在遭遇欺负时，不要忍气吞声，要学会寻求帮助，告诉家长或老师。不向欺凌者妥协，就是不纵容欺凌继续发生。但也要注意保护好自己，不激怒对方，机智地拒绝侵害、减少伤害。一般来说，明确自己的立场，陈述自己的理由，注视对方的眼睛，温柔而坚定地表明你的态度和感受，有礼有节地交往，守住边界，学会说“不”，就能减少欺凌事件的发生。

团体辅导，营造和谐氛围。班主任可以利用班会时间开展班级团体心理辅导活动课，如“沟通你我他”“化干戈为玉帛”“赞美的力量”等，通过游戏活动、角色扮演、情景体验等方式，帮助学生掌握沟通技巧，懂得如何表达自己的需求，取得帮助和支持，学会如何化解矛盾，增加了解和信任，培养学生运用积极语言，彼此关爱、尊重、理解和接纳，构建团结和谐的班级人际氛围。

4. 针对校园欺凌，学校该做哪些防御工作？

成立机构，建章立制。学校应成立防治学生欺凌和暴力工作领导小组，确定人员构成、主要职能及组织运作方式，制定基于本校实际的预防学生欺凌和暴力的制度，发动学生参与讨论制定本校的“反欺凌公约”，设立反校园欺凌热线电话。

多方联合，加强监管。学校保卫处要充分利用现代技术手段，对公共区域进行实时监控，做到早发现、早处理；学生处、系部、班主任、宿舍人员和学生干部，关注校园欺凌高发时段和重点区域，如七八节自由活动时间、晚自习后、宿舍和厕所等，对于这些“警示时段”和“警示区域”，管理人员一定要多留心、多巡查，消除欺凌事件的死角，才能防患于未然。

加强教育，法纪先行。切实落实法纪安全教育进课堂，组织学生学习国务院教育督导委员会办公室颁布的《关于开展校园欺凌专项治理的通知》、教育部等九部门发布的《关于防治中小学生欺凌和暴力的指导意见》、教育部等十一部门联合印发的《加强中小学生欺凌综合治理方案》，引导学生树立正确的法制观念，远离违法犯罪。

校风建设，和谐友善。和谐友善的校风不仅能够促进学生学业发展，还能够促进学生社会性、情绪功能和心理的健康发展，对防止校园欺凌具有重要的意义。学校通过各种正面教育活动（如社团、文体活动、拓展训练），让学生在集体活动中充分理解合作、自尊和尊重他人的意义，体验帮助他人和被他人帮助的快乐，增进彼此之间的了解和友谊，从而形成和谐友善的校风，让校园欺凌失去滋生的温床。

02 只因为他多看了我一眼

——对人际交往中攻击行为的干预措施

一 案例描述

“打架啦！”“打人啦！”叫喊声从寂静的宿舍楼上传来，显得分外刺耳，刚刚和衣睡下的宿管老师迅速起身，顺着声音跑向三楼，看到几个人正在围殴一位男生，周边有试图拉架的，也有更多的学生在看热闹，场面非常混乱。

宿管老师把几位参与打架的学生带到办公室，详细询问了事情的缘由。原来，晚饭时电气班的小强在餐厅排队打饭，同班的赵兴同学从他身边经过时蹭了他一下。“你怎么没长眼啊！”小强骂道。赵兴回头看了他一眼，没说什么，径直走了。就餐时，小强注意到赵兴与几个同学边吃边聊，好像还不时轻蔑地向自己这边瞄上一眼。哼，嘀嘀咕咕肯定是在说我，这是找茬挑衅啊！小强哪受得了这个，他想起平时都是自己有事没事戏弄欺负赵兴，琢磨赵兴刚才那轻蔑的眼神，怀疑赵兴是要找人收拾他！想到这，小强顿时紧张起来——“先下手为强，后下手遭殃”。于是，等到晚上熄灯后，小强带着两个哥们儿把赵兴堵在厕所，逼他承认找人打自己，雨点一样的拳脚落在赵兴身上，幸亏宿管老师及时赶来制止。

小强性情急躁易激惹、敏感多疑，过去也曾因为欺负同学、抽烟、不出操等受到过处分。每次出事他也能低头认错，但是事后故技重演，隔段时间还是会惹出祸端，让班主任觉得非常棘手难管。

二 案例分析

案例中的小强以骚扰欺负弱小为乐，找理由打架并把责任推到别人身上的行为，属于青少年攻击性行为。攻击性行为又称侵犯行为，是个体社会性发展中表现出来的一种反社会行为，它最早出现在婴儿时期。在心理学上，人们一般把攻击性行为定义为对他人的敌视、伤害或破坏性行为，具体可以表现为身体侵犯、言语攻击或对他人权利的侵犯，如打人、骂人和破坏他人的物品等。攻击性行为是目前校园欺凌的主要表现形式。校园中的攻击性行为分为“单个型”和“团伙型”两种。“单个型”是指个体脾气急躁，好斗无礼，通过伤害他人表达自己的不满，而多个类似个体组成专门欺负他人的小团伙，则属于“团伙型”。

攻击性行为的形成是多种原因造成的。一是生物性原因，托马斯等对婴儿进行大量研究，将婴儿气质分为容易型、困难型、迟缓型，其中困难型婴儿时常发脾气、大哭大闹、难以安抚，这类婴儿容易发展为攻击性模式。二是家庭的影响，家长的教养方式大致分为三种：民主型、放任型和强制型。在放任型教养之下，当孩子偶尔出现攻击行为时，父母不加以制止，助长了其攻击性的养成。强制型父母对孩子过于严格要求，常常批评、惩罚甚至打骂孩子，导致孩子通过攻击性行为发泄内心积郁的不满和愤怒。三是挫折的影响，挫折攻击理论认为，挫折可能导致攻击，具有攻击性行为的学生往往在班级中不遵守纪律，因此可能被师生视为“害群之马”或“糊不上墙的烂泥巴”，平时大家都会避而远之，这会带给他们强烈的挫败感，让他们更容易产生愤怒与敌对的倾向，并出现攻击性行为，他们试图通过攻击性行为彰显自己的强大，寻找内心的平衡。四是出现敌意归因偏差，即在情境不明的状况下，会将对方行为视为敌意的表现，从而还以报复性的攻击行为。

三 干预措施

1. 发生攻击性行为，班主任在第一时间如何应对？

班主任要及时处理，沉着应对。第一，在第一时间赶到现场，迅速隔离参与打架的学生，并及时向主管处室及领导汇报；第二，仔细观察被打学生的情况，请校医诊治、判断是否需要送外就医，如伤情严重则按照就近原则选择医院治疗；第三，全面细致地了解事情的起因和经过，视事件恶劣程度及学生伤情决定是否请双方家长来校协商；第四，安抚被打学生及其家长的情绪，同理他们的感受。

2. 面对校园中的攻击性行为，班主任和学校如何预防和矫正？

校园中的攻击性行为发生率较高，如果不及时教育，予以制止，不利于青少年健康成长，不利于安全文明校园建设，甚至不利于社会的和谐稳定。学校管理者可以从下面几个方面矫正攻击性行为。

正向强化，给予积极关注。美国儿童心理学家鲁道夫·德雷克斯曾经说过：“丧失信心是所有不良行为的根源。”有攻击性行为的学生往往是一个丧失了信心的学生，他们在学业上常遭失败，不可能通过学业赢得老师、家长和同学的尊重，在班级和学校缺乏归属感，但是他们的内心深处又强烈渴望别人“看见他”，就错误地选择攻击他人从而获得关注，通过欺负别人追求掌控感，“寻求认可和自我价值实现”才是他们错误行为的根本动机。班主任应对症下药，而不是盲目地打压，片面惩戒只会激起他们更大的反弹。

班主任要善用积极关注，降低其挫折感，通过正向强化消减攻击性行为。一是善于发现他们的优点，让他们在自己擅长的事情上帮助别人，通过“赠人玫瑰，手有余香”的心理感受和日渐改善的人际关系强化其友善的品质；二是改变他们的伙伴群体，刻意安排他们与礼貌、和善、热心的同学在同一个宿舍或学习小组，通过耳濡目染消减其攻击性行为；三是强化他们对班级生活的参与感和主人翁意识，提供机会让他们负责班级的一个小项目、小活动或一项日常事务。有些事情班主任可以多征询一下他们的意见，如“最近班里晚自习比较乱，原因是什么？你觉得怎么解决这件事？”“要开运动会了，如何搞开幕式列队活动，你有什么好主意？”等，让他感受到重视，体会到个人价值的实现感，进而找到归属感。

角色扮演，让其感同身受。美国著名心理学家约翰·华生的“厌恶疗法”启示我们，如果让学生对攻击性行为产生了厌恶感，那么厌恶的情感也许能驱动学生远离攻击性行为。班主任可以通过班会时间，采取心理剧的形式，设置某种攻击情景，让攻击者扮演被攻击者的角色，让他体验被攻击后的恐惧、痛苦、厌恶和愤怒的心理感受。例如，小强打人事件，可以让小强充当受欺负的角色，要求他细心体会角色，想象被打后的情感体验，并分享给大家。实验证明，当攻击者体验到被攻击者的痛苦、委屈和羞辱的心理感受，了解到实施攻击的后果和影响后，往往会产生实施攻击的内疚感，形成贬低攻击行为的价值观。这样，再对别人实施攻击性行为时，原来体验过的被攻击的痛苦感受就会重现，他就会不自觉地抑制自己的攻击性行为。

纠正学生的敌意归因偏差，提高其控制情绪的能力。培养学生开阔的胸襟以及豁达对人的处事态度，不要过于敏感；提高学生对事物的判断能力，引导其进行正确归因，正视小矛盾、小摩擦，不把一些常见的简单矛盾复杂化、敌意化。因自尊心受伤而怒火中烧时，学会通过自我心理调适加以淡化、转移，如暂时离开当下的人或环境，做一些自己喜欢的事以转移注意，避免过火的报复行为。

规范日常行为，加强法制教育。社会规范是社会赖以生存、巩固与和谐发展的重要条件，它包括法律纪律、道德风俗、价值观等，作为一名社会成员，依照社会规范去思考、判断问题，从而决定自己的行为。校园欺凌中学生的攻击性行为，不管造成伤害的结果如何，都是违反社会规范的。青少年血气方刚，法律意识薄弱，做事不计后果，而提高学生遵守社会规范的自觉性，是抑制攻击性行为的有效途径。学校可以请少管所民警或法律专家进校讲座，也可以利用班会定期学习相关法制知识，加强法制宣传和安全教育。

大量研究发现，攻击性行为的发生率因学校氛围不同而存在较大的差异，学校是否有反欺凌措施及教师对欺凌的态度和行为，影响着攻击性行为的发生。因此，学校要建立起有效的校园欺凌预防和监督机制，做好安全监管工作。

3. 针对有攻击性行为学生的家长，班主任应该做哪些工作?

嘱咐家长要控制情绪。家长不要对孩子过多批评、辱骂或施以暴力，不要说“让你来学习的，你又惹是生非。”“不给家长找点事，你就难受是吧？”“不愿意上学，就滚回家去，别天天给大人惹事！”等。

引导家长改变沟通模式。攻击性行为的孩子往往来自“强制型家庭”，这种家庭的父母为了树立自己的权威，往往相信“棍棒底下出孝子”，由于孩子弱小，面对强横的父母，只能咽下愤怒、委屈，屈服于成人。对孩子的不当行为施以暴烈的体罚，不仅不会让孩子收敛自己的攻击行为，反而会变本加厉。因为模仿是孩子学着做人的重要途径，他在自己被惩罚的过程中，了解了高压、暴力手段的有效性，他们会在强者面前服服帖帖，在弱者面前则会肆无忌惮。班主任要让家长清楚地认识到，孩子是在用父母对待自己的方式对待他人。

班主任建议家长改变与孩子的沟通模式，多鼓励关心孩子，正面积极评价孩子，在接纳、尊重、平等、欣赏的家庭氛围中，孩子才会变得平和、自信、友善。

03 遭遇“渣男”

——一例学生失恋引起心理危机的干预措施

一 案例描述

周末返校，周老师准时来到教室，班里学生叽叽喳喳谈论着周末见闻，看见班主任进来，顿时安静下来。值日班长过来报人数，全班只有张颖一个人没有返校，周老师抬眼望向那张空桌子，想起上个周末与张颖的谈话。

“老师，我想下周请几天假。”张颖表情有点落寞，低着头，没有直视老师。

“怎么了，家里有什么事吗？”周老师关切地问，伸手拉她坐下。

“不，不是，是我不舒服呢。”见周老师这么关切地问自己，张颖眼圈发红，“我太郁闷了，想跟老师说说，又怕你笑话我。”

在班主任再三安慰、鼓励下，张颖才吞吞吐吐讲述了她和他的故事：“我们是在文学社团认识的，他是学校《晨曦》杂志的主编，有才气，长得也蛮帅，贴心又风趣，是我喜欢的类型。我对他特别好，给他买吃的、买穿的，还给他织围巾。我们交往了6个月，中间也曾因为个性不合、观点分歧，争争吵吵地闹过几次分手，但是他的一个道歉，我们就又和好如初了。半个月前他突然提出分手，没有任何理由，也不见我。同学们议论纷纷，说他早和别的女生好了，只有我蒙在鼓里。”

“现在我一想这事就感觉自己的精神世界完全被掏空，知道爱不下去了，心有不甘，就想问问他为什么，谁知他回复说：‘要想和好也行，条件是去开房！’我感觉自己的尊严被践踏，怎么会是这样？我不可能和他做那种事，也知道分手是必然的，原本想自己难过一阵会好些，谁知越想摆脱就越纠缠，我每天满脑子都是关于他的念头。老师，我是不是很不争气，很失败，我该怎么办？”

现在张颖对任何事情都提不起兴趣，不能集中精力学习，吃不下饭睡不着觉，还说活着真没意思。她怕被同学们指指戳戳，不愿意来学校。周老师答应她可以休息两天，但这也不是长久之计，该如何帮助张颖走出失恋的阴影，周老师陷入了沉思。

二 案例分析

随着身心发展的不断成熟，中职生懵懵懂懂的恋爱现象也明显增多。但是爱情甜蜜的另一面就是伤害——失恋。失恋是指恋爱一方否认和中断恋爱关系，给另一方或双方造成不同程度的心理挫折感的一种负性生活事件。上述案例就是因恋爱受挫引发的心理危机，张颖突然遭到被分手，接受不了男友移情别恋的事实，对爱情的期待和未来的憧憬顷刻化为乌有，变得情绪抑郁、心烦意乱，失恋像恶魔一样折磨着她，出现了失眠和食欲不振的现象，害怕别人议论，逃避交往。

很多中职生都有过类似的经历和体验。据统计，学生“恋爱被拒”和“失恋”占据情感问题的 80% 以上。近几年，因为感情问题造成的伤害和自杀等危机事件呈上升趋势，感情受挫成为影响学生心理健康的严重问题之一。失恋所带来的痛苦、绝望、挫败感等负面情绪如果不能得到及时排解与疏导，就会对生活、学习、身心健康带来巨大的影响，严重者容易出现心理危机，导致出现报复甚至自杀等极端事件。因此，教师帮助失恋的学生走出阴影，纠正错误的认知，让学生学会正确地处理恋爱关系，探索有效的失恋应对策略，对学生成长有着重要的意义。

三 干预措施

1. 遇到失恋的学生，班主任首先要做什么？

建立信任关系，帮助学生处理负面情绪。一般来讲，人在遭遇失恋之后，内心充斥着羞耻、愤怒、悲伤或怨恨等情绪，为了防止和减轻痛苦，或者为了不失面子和尊严，往往会启动防御机制，刻意压抑负面情绪，封闭自己内心，对外界不信任，更不会倾诉或寻求帮助，这种情况下身心可能会受到更多的伤害。

班主任面对失恋的学生，不要急于开导教诲。首先要建立良好的信任关系，同理学生的感受，让学生感觉到自己是被老师所理解和接纳的。这个时候最忌讳说指责抱怨的话，如“看看我说多少次了不要早恋，你就是不听，那个男生就是人渣，你怎么就找他这样的。”“女孩子要自尊自爱，否则会吃亏的。”这些话语会增加学生的心理负担和压力。班主任可以这样说，“这样的一段经历让你很痛苦，此时你内心很复杂吧”“失恋是情感成长的必经之路，有时很痛苦，老师会陪你一起走过”“他那样做让你感觉很失望、很委屈，如果你愿意，你可以跟老师谈谈你们的经历”“老师也有过失恋的经历，那段日子的确很难熬，也许老师可以给你些建议”等。

善用倾听，引导学生倾诉，并进行合理的宣泄。比如用哭泣或写信的方式把对对方的不满情绪都表达出来，以此帮助学生舒缓压抑的情绪，平复心情。让学生感受到老师的心理支持和安慰，就是对失恋学生最及时的帮助。

2. 在与学生沟通中，班主任如何改变学生不合理的认知？

帮助学生学会逆向思考。恋爱并不是造成痛苦的直接原因，造成失恋痛苦的直接原因是对失恋事件所持的信念、看法，如张颖认为被分手有伤自尊、自信，觉得自己很失败，内化语言重复着这些不合理的信念、看法，导致出现无法排除的情绪困扰，失恋痛苦的持续恰恰是内化语言持续的结果。班主任可以与学生不合理的信念进行辩论，如“猜猜看，世上有不曾失恋过的人吗？”“如果一旦失恋就觉得自己很糟糕，就自杀的话，这个世上还有多少人呀？”“以后的生活中，还会不会出现你喜欢的人或喜欢你的人？”“你真心对他好，他真心对别人好，分手对谁来说是损失？对谁来说是好事情？”“恋爱是生活的全部吗？除了恋爱，生活中还有什么呢？”“分手，说明你一无是处吗？”“即使你俩一直相恋，你觉得你们有可能走入婚姻吗？”通过逆向思考的方式，用这些问题帮助学生拓宽看待失恋的视角，从而解除情绪困扰，减少消极思维和认知。

合理应用“时间线”辅导技术。班主任引导学生把“时间线”拉短，让她想象 1 年以后、5 年以后、20 年以后，直到生命结束；然后开始把时间从生命结束向回拉，50 年以后、20 年以后、5 年以后、1 年以后到现在，引导学生思考这段失恋经历在不同时间段的影响，重新认识自我的存在价值感，并坚定面向未来生活的信心。

和学生共同寻找这次失恋的益处。班主任可以和学生一起探讨、列举这段失恋经历的 10 个好处，有助于学生深层次反思，接受失恋现实并及早走出痛苦阴影。例如，恋情的长久需要成熟的个性、和谐的沟通、一致的价值观等，如果因为这些方面发生矛盾，使恋爱不能进行下去，分手对彼此是好事情，避免造成更大的伤害。通过这段关系进行客观分析，反思自我，总结成长经验，不把这次失败恋情的错误带到其他的关系中，把恋爱变成“练爱”，从中获得个性成长，这也是失恋的好处。最后，感谢这段关系带给自己的成长，带着感恩的心，继续自己的人生之路。

3. 班主任如何帮助学生走出失恋阴影，获得个性成长，避免以后重复发生失恋伤害?

班主任要帮助学生做深层次分析，提高自我觉知。每一件事情的发生都不是偶然，学会看到问题背后的深层次因素，不要一味地怨天尤人，抱怨遭遇“渣男”，而是看到自己的行为是自主选择，是自己邀请、允许他和自己建立关系的，看到自己内心“潜意识”的愿望，理解自己的选择，主动反思自己的真实、脆弱和需求。

案例中，张颖感受到在与男友的关系里被冷漠、被欺骗、被羞辱，却依然恋恋不舍，无法离开，这和她早期与父母的依恋关系有关。婴幼儿只有依恋父母才能存活下来，并通过与养育者不同模式的互动行为来获得安全感。父母对待孩子的方式、给孩子提供的家庭环境是不同的，有些能为孩子提供温暖、支持，及时对孩子的需求给予反应。有些则较为冷漠、不在乎、不理解，对孩子的需求迟到应答，甚至置之不理。心理学家认为，成年后的个体会把依恋对象从父母身上转移到恋人身上，在亲密关系中所表现出的特质延续了童年时期对父母的依恋特质。因此，要想从根本上帮助张颖走出失恋阴影，避免今后习惯性重复失恋，就要进行深度心理分析，让她意识到：这是我与父母的关系模式，是我童年的感受，现在的我已经成年，可以为自己的选择负责。带着这样的觉知，接受自己的感受，承认这个糟糕的事实，在分离个体化的过程中，不断觉察和成长，重塑自我，对自己接纳，与世界和解，走出原来亲密关系的模式。如果班主任没有一定的心理学理论背景，可以转介给心理教师做这类专业性比较强的心理辅导。

4. 针对恋爱问题，班主任应对班级做哪些辅导工作?

补上恋爱这一课，开展关于“亲密关系”的系列活动。“哪个少女不怀春，哪个少男不钟情”，面对青春期的恋情，班主任情感上要接纳，行为上要指导，宜疏不宜堵。班主任可以利用班会时间开展关于亲密关系的系列活动，如讲座、团体辅导活动、读书会或与学生一起观看影视剧等。班主任与学生一起探讨爱情，引导学生如何爱，何时爱，如何在这一段关系中获得成长，与同学们一起澄清在亲密关系中容易出现的误区，总结出可以遵从的几点原则，如：①低能量时不恋爱；②爱别人首先要爱自己；③不把自己的意愿强加给对方；④不依赖、不攀缘、不虚妄，保持自我精神独立；⑤努力学习专业知识，实现自己的人生梦想，这是青春期的主要任务等。在师生的沟通、切磋、交流中，不断提高对青春期恋情的认识，加强处理亲密关系的能力，建立为自己和所喜爱的人的情感与未来负责的意识。同时，引导学生将青春期恋情放到人生长河中看待，规划人生，确立目标，趁着大好年华，相互成就，而非彼此消耗，培养积极的阳光心态，实现人生价值。

心理专家武志红老师曾说，“爱是一个独立的个体拥有与他人融合的愿望。所以爱情是独立、无比坚强和无比开放；否则爱就是毁灭。”让学生懂得：真正的爱情不会降到一个没有爱的人身上，索取、寻找安全感及讨好都不是爱情。只有自己成长，在自己爱满满和能量满满的时候，才会遇到有品质的爱情，一身的负能量，只能再遇“渣男”。

04 爱的“意外”

——一起意外怀孕事件的干预措施

一 案例描述

一阵急促的电话铃响起，班主任张老师接到班长的电话："老师，徐薇突然肚子痛去了医务室。"放下电话，张老师迅速赶到医务室，大夫怀疑是急性肠胃炎，建议到附近医院就医。

张老师和两名学生一起把徐薇送往附近医院。在医生给徐薇做检查时，张老师从学生那里了解到一些情况：徐薇这段时间身体总是不舒服，胃口不好，例假也不正常，说是自主神经紊乱，这次突然肚子痛，估计是吃了凉东西造成的。

然而医生的检查结果却让张老师大吃一惊，徐薇是药物流产后子宫未清理干净，经常出血而引发的炎症，需要及时做清宫手术，否则可能会引起输卵管堵塞等妇科病症，对以后的生育能力及身体伤害极大。徐薇吓得哭了起来，对老师道出了实情。父母工作忙对自己疏于关心，自己在网上结识了一名网友，互有好感，俩人见面后，感情迅速升温，后来就在学校附近的宾馆开房了。最近两个月没来例假，她偷偷用试纸查出自己怀孕了，特别害怕，又担心被同学非议，就撒谎说是自主神经紊乱，不敢告诉家长和老师，也不敢去正规医院做流产手术，自己买了堕胎药吃，以为吃了药就没事了，没想到事情发展到这个地步。

听了徐薇的叙述，张老师心绪难平，不知道接下来该如何帮助徐薇。

二 案例分析

中职生正处于青春期，随着性生理和心理的发展，会对性充满好奇和憧憬，然而家庭和学校往往对性避而不谈，严令禁止，反而更激发了学生对性的好奇心和尝试欲望，产生了"不禁不为，愈禁愈为"的禁果效应。案例中的徐薇就是在偷吃禁果后，由于性知识匮乏，采取了隐瞒和私下处理的不当应对方式。

通常情况下，女生若发生意外怀孕，会有很大的心理压力。一方面是现实问题，随着时间推移，身体会发生变化，这是无法掩饰的，必须要马上处理，内心充满焦虑；另一方面又面临道德压力，意外怀孕难以向父母、老师和同学言说，害怕受到指责和歧视。这个阶段的学生还处于未成年，于避孕、怀孕、流产等毫无经验，在无法获得周围支持和帮助的情况下，容易选择查看资料等较为私密的方式，获取处理意外怀孕的方法，意图私下解决以瞒天过海，结果对身心造成更大的伤害。

近些年，中职生（及中学生）意外怀孕的数字呈快速增长趋势，意外怀孕不仅严重影响生活、学习，处理不当的话，也会对身体和心理造成难以弥合的创伤。以下三类人员是意外怀孕的多发群体：一是特殊家庭的学生，因离异、单亲、父母关系紧张、父母忙于工作等原因，得不到关爱和支持，往往从外界寻找安慰，而结果可能付出沉重的代价；二是性认知存在偏差的学生，她们往往在异性交往和性认知、性道德方面存在偏差，把与异性发生性关系看成是“够刺激”“有魅力”，对性行为抱有轻率态度；三是性知识匮乏的学生，她们对性知识几乎没有了解，普遍缺乏避孕、怀孕等知识，无知者无畏，任由性冲动发生甚至付诸行动。

三 干预措施

1. 发现班里有学生可能怀孕，班主任如何处理？

坚持以人为本原则。学生管理工作要以人为本，无论何时，都要把学生的生命和健康放在第一位。遇到类似情况，班主任要及时带学生到正规医院检查，确诊是否怀孕，根据检查结果再确定解决问题的方法。

坚持逐级汇报原则。在确诊后的第一时间向主管领导（系、部主任）汇报，上报班级、学生姓名、事情缘由、事态发展及已经采取的措施，由系、部主任请示学校领导，学校领导会商后拿出解决方案。

坚持法制为先原则。学校和班主任在处理类似事件时，必须要有法制意识，要清醒地认识到，学校和老师对学生仅仅负有教育、管理、保护的职责，不具备监护人的职责，一定要履行及时告知家长的义务，不能自行决定意外怀孕学生的治疗方案，哪怕是出于善意。

班主任在通知家长前，要和学生进行沟通。因为对学生来说，家长知道此事可能意味着自己要受到责罚、嫌弃，学生因此会产生更大的焦虑和恐慌。班主任既要告诉学生为什么要通知家长，如父母作为监护人首先具有知情权，其次对手术治疗有签字权（学校和老师没有这项权利）；也要对学生承诺，班主任会全方位与家长交流，想方设法平复家长的情绪，让家长能够正确处理此事；同时坚定地告诉学生，老师是她坚实的后盾，会为她遮风挡雨，陪她一同面对。

坚持保密原则。为学生的未来着想，防止事情的影响扩大化，嘱咐知情人员严守秘密，让学生术后以其他理由回家休养，把对学生的负面影响降到最低。

2. 事情发生时，班主任该如何与学生家长交流？

帮助家长调整心态。孩子意外怀孕、人工流产对于父母来说无异于晴天霹雳，是应激事件，比起心疼孩子遭受手术伤痛，可能家长更多的是愤怒、沮丧、羞愧等情绪。有的家长难以接受现实，指责并要求学校和班主任要为此负责，甚至情绪激烈，言辞过激，这是一种应激情况下的否认反应。班主任此时切莫纠缠，不要和家长论理，不急于分辩对错，最忌讳说“不要把责任都推到老师身上，你们做家长的有责任”等言语；要先抚慰家长的情绪，比如说“孩子发生这样的事情，做父母的都会心疼、着急，我和您的心情一样，此时最重要的事情是安抚孩子，解决眼下的问题，咱们一起商量一下怎么更好地帮助孩子”“此时孩子最需要支持和帮助，她的内心很脆弱，也很害怕，最需要得到的是父母的谅解和保护”“在遇到这样的创伤事件时，如果孩子看到家长能够积极面对，孩子就会勇于承担自己的责任并且纠正自己的错误”等，帮助家长缓解应激情绪，调整心态。

建议家长理解和安慰孩子。面对具体的问题，班主任可以建议家长：第一，事情既然已经发生，先去处理事件，在保护孩子的情况下，选择合适的手术方式，把伤害降到最低。千万不能指责埋怨孩子，不要情绪过激，不要说：“做出这种伤风败俗的事你还有脸哭”“家长天天忙里忙外，还不是为了你，有啥缺着你了”“气死我们算了，你让我们怎么去见人”等，更不要打骂孩子，不要让这些负面言行成为压倒孩子的最后一根稻草，由此造成二次伤害。第二，给予孩子心理支持。班主任可以建议家长看一看《朱诺》这部电影，学习朱诺的父母处理读高中的女儿意外怀孕的方式，让家长告诉孩子，不管发生什么，父母都永远爱你，永远和你一起面对。这种来自父母的有力而稳定的支持，会减轻孩子恐惧、焦虑的情绪，帮助孩子尽快走出创伤。第三，予以孩子手术后的悉心照顾。注意营养，帮助孩子恢复身体，争取早日返校；教育孩子今后要好好爱自己，学会保护自己的身体；如果孩子出现持续极度焦虑、无法入睡、心情郁结、注意力无法集中等情况，家长要及时带其找专业心理医生进行访谈和治疗。第四，父母要反思自己在养育孩子的过程中，是否对孩子缺乏关爱和支持，从改变自身和家庭开始，从根本上帮助孩子获得成长。

3. 班主任在班级应开展哪些教育工作？

让“两性关系”走进课堂。班主任可以利用班会时间，为学生补上“两性关系”这一课，从学生那收集遇到的问题，采取话题讨论、案例分析、心理情景剧、团体辅导等学生喜闻乐见的活动形式，引导学生正确处理两性关系，内容要具体，要有可操作性，例如，遇到男生追求怎么办？男生要求开房怎么办？避孕措施有哪些？怎么知道怀孕了？堕胎的危害有哪些？

认识“爱情三角理论”。美国心理学家斯腾伯格提出“爱情三角理论”，认为所有的爱情体验都是由激情、亲密和承诺三个基本成分组成的，激情是“热烈”的，亲密是“温暖”的，而承诺是“冷静”的。可见，只有在“爱情三角”稳固的基础上，两个人步调一致，相合或互补，注重激情、亲密和承诺三方面的完美结合，亲密关系才能稳固，爱情才能完美。班主任可以围绕“爱情三角理论”，开展情感主题读书会，或者观看情感主题热播剧，与学生一起探讨爱情，分享观点，教给学生怎么对待两性关系，让学生意识到，要赢得完美的爱情，自己就要不断成长，变得更独立、更自信。

守住与异性交往的底线。与学生一起讨论，如何保护自己，告诉学生与异性交往的边界和底线，不能轻率发生性关系；万一发生关系，就要做好避孕措施，避免怀孕；如果不小心怀孕了，要主动寻求父母、老师的帮助，到正规医院进行手术。

4. 关于青春期的性知识教育，学校应该做些什么？

开展形式多样的性知识教育。处于青春懵懂阶段的青少年，对性产生了强烈的好奇心，对性的各种信息极为敏感，渴望了解性的有关知识。假如学校和家庭性知识教育缺失，他们就要从网络、书籍、电影和电视等媒介中获得，反而容易遭受到各种不正确、不健康的性观念侵蚀。为了帮助青少年安全度过“危险期”，学校应该在问题发生前，就适当予以指导，培养男生的责任意识，告诉女生如何保护自己；在问题发生后，用宽容的心态对待，引导他们向家长、老师、医生寻求帮助。

学校要定期开设性知识课堂，举办生理卫生知识讲座，让学生加强生理知识学习，了解自己的身体特点，掌握常识，学会保护自己。讲述避孕知识，教会学生使用避孕套和采取其他避孕措施，使不当性行为对健康的伤害降到最低程度；加强生命安全教育、经期卫生、人流的方式和堕胎的危害等内容的宣传；发现怀孕后选择到正规医院就诊，让学生学会处理紧急情况。同时，性知识内容还包括防止性途径传染病、性安全等，让青春期的性知识教育不再遮遮掩掩，大大方方地走进校园，走进青少年学生的世界。

05 仅仅是挑衅吗?

——师生冲突引发心理危机的反思

一 案例描述

大课间，语文老师马老师气冲冲地走过来，把一部手机往班主任武老师桌上一撂，说道："这课不能上了，当众挑衅我，不给我道歉，她就别再上我的课！"武老师连忙站起身问："发生了什么事，看把您气成这样？"马老师气冲冲地说："小雅上课玩手机，我让她交出手机，她不仅不交，还挑衅我，说大不了就不上学啦，说完竟然摔门就走，你说气人不气人！"

正在这时，班长急匆匆地跑进来说："老师，整栋楼里也找不见小雅了！"武老师赶紧和学生四处寻找，终于在操场看台上找到了小雅。看到满头大汗的武老师，小雅失声痛哭："老师，我走投无路了，该怎么办？"仿佛积压了很多的委屈终于爆发出来。

小雅是班里的文艺委员，她长相俊俏，喜欢唱歌，学习成绩优秀。在学校组织的职教好声音比赛中，取得了第一名，这次成功燃起了她儿时当歌星的梦。她觉得自己选错了专业，想转学去考音乐学院，却遭到了父母的强烈反对，表示家里没有经济能力去支持她学声乐，更主要的是他们觉得学艺术没前途。

小雅伤心地回到学校，觉得父母不爱自己，才不肯出钱培养自己，她感觉没人理解她，对父母又爱又恨，对未来悲观而绝望，情绪波动大，每天纠结在是走还是留的矛盾中。语文老师在课堂上的公开批评和暂扣手机，成了她情绪过激的导火索。

二 案例分析

这是校园中师生冲突引发的学生心理危机事件。师生冲突通常由教师批评学生开始，多由语言争辩引起。造成师生冲突的原因是多方面的。首先，学生正处在青春叛逆期，追求个性，挑战权威，情绪容易冲动，自控力不强；其次，家庭教育中父母对孩子娇惯纵容，养成了孩子自私、偏激和暴力等不良的行为方式；最后，教师的教育观念陈旧，教育方法简单粗暴，缺乏处理突发事件的教育艺术和机智，没有将注意力从"怎么对付这个学生"转移到"学生为什么会这么做"上，造成了矛盾激化。

学生挑衅老师仅仅是问题的表象，其本质是负面情绪累积的瞬间爆发，是过度使用心理防卫所致。像小雅同学这样的中职生，在成长过程中家长过度呵护，容易形成以自我为中心，再加上学业上的迷茫、情感上的困惑，一旦自尊、交往和自我实现等多种需要得不到满足，就很容易心理失衡，产生消极颓废的情绪，当他们受到老师的询问、批评时，往往会认为是“跟他过不去”“不给他面子”，为了保护自尊不受伤害，从而采取了过度的心理防卫措施。

三 干预措施

1. 班主任第一时间应采取什么措施?

及时隔离双方，控制事态发展。班主任要把冲突师生双方分开，先要避免冲突进一步升级。班主任要冷静克制，不要急于在现场解决问题，不要火上浇油，更不要当场呵斥责备学生，如“惹事了吧，几天不见长本事了啊！”“说你多少次了，就是不听，把老师的话当耳旁风”“怎么又是你，你真让我失望！”

先处理学生情绪，再处理冲突事件。班主任隔离冲突双方后，最好把学生带至相对独立的空间，如独立的办公室、空教室等地。班主任可以给学生倒杯水，或者谎称有事离开一会儿，给学生留出稳定情绪、恢复理智的时间与空间。在学生极度恐惧、伤心、愤怒等激情状态下，班主任不要做任何现实层面的处理，此刻他既不能正确理解老师的规劝，所描述的事实也往往是经过情绪加工的、片面的、不客观的。

不带倾向，客观调查。班主任待学生情绪冷静后，了解冲突背后的因素，给学生倾诉的机会，或者让学生写出事情经过。同时，向班内其他同学和当事教师了解情况，全面了解事情原委，调和矛盾双方。像小雅这样由于与家长沟通不畅引起的不良情绪，班主任还要通知家长来学校，聆听孩子的想法和诉求，不要一味地否定和拒绝，和孩子一起商量，找到合适的方法来解决问题。

2. 班主任如何调和科任教师和学生的关系?

保持中立，两边结盟。一方面，班主任站在学生的立场，理解学生受到老师批评的委屈和愤怒，帮助学生宣泄情绪。和学生建立起联盟之后，就可以引导学生换位思考，可以跟学生讲：你想想老师对你们负责才会要求严格；老师也是人，也会有这样或那样的缺点和不足；也许今天老师也有情绪，对你说话的口气过了些等，使学生能理解和体谅老师，班主任也可以适当自黑一下，既缓和气氛，又拉近师生距离。之后向学生征询处理此事的方法，班主任的尊重与引导，是促成圆满解决此事的催化剂。

另一方面，班主任要站在科任教师的角度，理解教师为课堂教学、为学生学习负责的初心，理解教师面对学生冲撞、挑衅时的不满情绪，也可以聊聊自己作为班主任的不易，获得科任教师的信任和支持。和科任教师达成同盟之后，就可以一起分析挑衅的背后是什么，如小雅逆反情绪爆发其实是指向家长，与她的专业选择困难和焦虑有关。一般情况下，有着同事关系的科任教师，在班主任如此挚诚的沟通下，是会予以理解和配合的。

3. 在后冲突阶段，班主任需要做什么？

以冲突事件作为教育契机，引导全班学生思考。班主任通过角色扮演让情景再现，引导同学们反思面临这样的师生冲突，当事人应该如何应对，周围同学应该采取什么行动，班干部应该如何出面协调，才能避免事情发生和恶化。通过讨论和反思，学会正确处理冲突的方法，学会良好的沟通方式，在冲突事件中总结经验，获得成长。

4. 班主任如何在班内做好师生冲突预防工作？

推动师生互动，构建良好师生关系。俗话说“家鸡打得团团转，野鸡不打满天飞”，良好的师生关系是杜绝师生冲突的根本。师生关系好，学生就会产生良好的接纳情绪，带着正面情感去理解老师所说的话及老师所做的要求，此时可谓嬉笑怒骂皆教育。首先，班主任在开展班级文体活动、拓展训练和社会实践时，邀请科任教师参加，让科任教师和学生通过活动彼此了解，打成一片；其次，可利用“第二人效应”，在班上多说说“数学老师说咱班同学可懂事了”“英语老师说最愿意到咱班来上课了”之类的话，以此给本班学生贴上正向的标签，导引其言行；最后，利用教师节、新年等节日，在班内适时开展“感恩老师”活动，带领学生自制礼物、录制音视频、书写小卡片，向科任教师表达感激，也可以请老师们给学生寄语，师生共同参与，融洽师生关系，拉近师生距离。

建立多种沟通渠道，帮助学生宣泄情绪。班主任要建立多种沟通渠道，让学生有表达情绪的空间和时间。例如，设置班级意见箱、开办自由辩论会、畅通线下线上交流等，敞开心扉，分享感受，接纳学生的想法和意见，让学生的不满和情绪得到及时宣泄和释放。班主任对情绪波动较大、问题较多的学生多加关注，及时疏导，解决学生的实际困难和疑惑，让学生有畅通的沟通渠道，以免造成负性情绪的累积。

开展相关活动，帮助学生掌握沟通方法。班主任多做一些关于沟通和需求的心理健康知识讲座，引导学生掌握正确的沟通和表达情绪的方法：①表达你想要的，而不是你不想要的；②表达情绪，而不是用情绪表达；③表达需求，而不是你的抱怨……还可以开展以积极语言、尊重师长为内容的团体辅导活动，在活动中，让学生养成理解长辈、尊重他人的品行，培养团结有爱、尊重师长的良好班风。

5. 学校如何加强教师队伍建设，预防师生冲突?

问题驱动，案例分析促提升。开展班主任沙龙，就师生冲突问题展开案例分析和督导，讨论分享化解师生冲突的方法和策略，请心理教师从专业层面分析学生与权威进行抗争的深层次心理原因，促进教师教育观念和教育方式的转变，尊重学生的人格，创造出师生彼此间支持、合作的交流模式，进而提高班级管理水平。

心理关怀，调整心态控情绪。注重对教师的心理关怀，营造民主合作、宽松和谐的校园氛围，培养教师阳光健康心态，提升教师的心理健康专业水平。学会调整自己的心态，积极控制情绪，不为学生的负面情绪所动，永远在学生面前保持冷静，采取适当的措施化解冲突。

第三篇

学习就业

中职学校的学生文化基础薄弱，对专业的选择大多非兴趣使然，而是出于父母的决定，自然对所学专业了解不多，甚至是一无所知。他们对未来也充满了迷茫，也容易产生学业的习得性无助。本篇从专业的认同、学业的无助、实习期的适应、毕业的选择等方面入手，帮助老师学会调适学生学习、就业方面的心理。

01 我对所学专业毫无兴趣

——中职生的专业认同辅导

一 案例描述

“你们班小刚太不像话了，简直气死我啦！”数学王老师向班主任田老师诉苦。原来，数学课上，小刚又趴在桌子上睡觉，被王老师叫醒后，他就玩手机，王老师要求他别玩手机了认真听课，他竟甩出一句话：“多管闲事！”这让一向教学认真负责的王老师很受伤。班主任田老师听完后，决定找小刚谈谈。

经了解，当初是父母做主帮小刚选定的专业。入学之初，小刚的学习倒是积极认真，成绩也还不错。可是在学习了专业课后，小刚发现自己对所学专业不感兴趣，曾跟父母提过想要去学文身，但父母不同意，他觉得父母不理解他，很生气，便开始与父母对抗，上课再也提不起兴致，课上玩手机、睡觉成了常态，课下则玩游戏、看玄幻小说，晚上玩手机到很晚才睡，早上睡懒觉不起床，经常迟到，有时还说谎逃课，期末考试有好几科挂起了红灯，这让自尊心很强的他感觉很不爽。

他跟田老师说，自己对所学专业毫无兴趣，转专业又转不了，感觉待在学校是浪费青春，可是考虑到父母的意愿，又不得不学下去，很是郁闷。他知道王老师是为自己好，可当时就是控制不住情绪，真不是故意跟老师作对，就是很心烦，看什么都不顺眼。

二 案例分析

这是一个由于专业不认同而导致学习出现问题的案例。案例中小刚因为对所学专业不感兴趣，又没有别的选择，因而产生了消极逃避心理，在学习上丧失了目标与动力。

专业认同是指学习者在对所学专业有一定认识的基础上，从情感、态度上产生对该专业的接纳和认可，并愿意以积极的行动去学习与探究，并在认知、情感和行为上将该专业与自我同一。中职学生的专业认同不仅直接影响学生在校学习期间的学习状态，而且对学生未来职业选择和职业发展也有着重要影响。

在职业学校的日常学习中，时常会遇到学生厌学，其原因要么是不喜欢这门课程，要么就是不喜欢所学专业，要么就是认为学了也没用，这些都是专业不认同的表现。在日常生活中，这部分学生通常表现为无所事事、无心向上、空虚、烦躁；在课堂上表现为不认真听讲，甚至玩手机、说话、睡觉等。如果这样的学生在班级中的比例增多，它将成为班级建设的严重问题：班级的学习氛围会越来越差，班级中迟到早退、扰乱课堂秩序等违纪现象会越来越多，班级的凝聚力也会越来越差。

导致中职生对专业或课程不认同的原因是多方面的。

一是学生对所学专业缺乏了解。就现阶段来看，学生就读中职学校往往并非出于喜欢某个专业，而是迫于中考分数偏低、普高录取不了的现状，而做出的情非得已的选择。另外，因为职业生涯教育的缺乏，学生选择专业时或是听从父母及亲朋好友的建议，或是原班主任的推荐，或是不想和好朋友分开而依赖别人的选择，带有很大的盲目性。

二是学生缺乏对自己的了解。中职生对专业的认知一般源自于自我成长中的经历及对专业名称的表层理解。如果学生能从成长经历中获得对某一专业的理解与认同，又恰巧与自身的人格特点、兴趣相匹配，就正好找到了适合自己的专业。有些中职生在过去的教育中，学习成就感低，甚至缺失部分学习经历，导致在报考时不了解自己在学科学习上的优势，不了解自己的性格特点适合哪个专业，从而失去了根据自身特点做出自我发展选择的机会。

三是适应不良，学习受挫。部分中职生由于在初中时的学习基础薄弱，入学后不能尽快适应职业学校的学习生活，跟不上进度，学习屡屡受挫而导致对自身能力的否定，因而怀疑自己选错了专业，产生自暴自弃的想法或逃避行为。

中职生正处在自我同一性形成的关键时期，而专业认同又是自我认同和自我发展的重要内容，因此专业认同对于中职生来说至关重要。只有他们认为所学专业是有用的、有价值的、有发展前途的，才会热爱自己的专业，从专业学习中发现学习的乐趣，重塑自信，为终身发展奠基。

三 干预措施

1. 作为中职班主任，如何培养学生的专业认同？

新生入学后，班主任要结合学校整体的入学教育做好学生的专业教育工作，让新生明确所选专业的培养目标、发展方向和发展前景，牢固树立专业思想，更好地投入到今后的中职学习生活中。

展示专业特色。许多初中毕业生到中职学校报到时，对各个专业缺乏具体的了解，没有充分认识到专业对自身文化基础、兴趣爱好、性格特点等方面的要求，一旦选择了不合适的专业，将严重影响后期的学习质量，加重学习的思想负担。因此，在入学教育中，班主任要配合专业负责人开展专业教育，向学生全面介绍专业培养目标、课程设置、学习方法、专业建设成果、就业方向等学生关注的内容。让学生充分认识和了解所选专业，培养专业兴趣，加强专业认同感。

描绘专业发展前景。学生选择专业后，比较关心的问题是自己职校毕业后能从事什么工作。班主任要和专业负责人一起，共同关注行业发展动态，熟悉单位用人要求，掌握专业就业情况，通过多种途径为学生展示专业发展的相关信息，进一步提升学生的学习兴趣，激发学生的学习热情，解除学生对专业的疑虑，引导学生树立新目标，寻找新方向。

树立专业学习榜样。榜样的力量是无穷的。弗洛伊德把认同看作是一个心理过程，是一个人向另一个人或某个团体的价值、规范与面貌去模仿、内化并形成自己的行为模式的过程。中职生正处在自我意识发展阶段，很容易受到某个人或某个团体的影响，通过有意地模仿从而完成自身心理的成熟。为学生树立专业学习的榜样，可以促使学生对其产生强烈的情感联系，增强学生对自己行为表现的认同感，从而增强对自己专业的认同。班主任可以直接请优秀毕业生对新生进行相关经历或成功经验的介绍，也可由班主任选取相关素材进行榜样推介。班主任要注重职业榜样人物事迹的收集与积累，不定期对学生进行榜样教育，让学生坚定专业选择正确的信心，确信通过自己的努力可以成就未来事业。

另外，每个学生都具备向师性，因此班主任对专业的充分了解与认同，也是培养学生专业认同的无形资源。

2. 对于因专业兴趣缺失而厌学的学生，班主任应从哪个角度去做工作？

作为班主任，面对因专业兴趣缺失而厌学的学生，首先要倾听学生内心的真实想法，了解学生目前所遇到的心理困扰，然后和学生一起分析原因，通过班级活动和个别辅导，逐渐培养学生对专业的认同。

改变学生对专业的认知。在因专业兴趣缺失而厌学的学生中，大多数学生认为，选择了哪个专业就是学习哪方面的技能，未来就要从事该专业的工作。

如果对该专业所开的专业课不感兴趣，就很容易丧失学习动力。所以班主任应寻找合适的时机，通过各种渠道，纠正学生专业认识的错误观念，引导学生树立正确的专业观。

班主任可通过案例讨论或组织辩论赛等方式，引导学生认识到：现代社会真正需要的是复合型人才，只具备一项技能，将无法适应社会的发展变化；当下的专业选择并非就业选择，专业学习也并非仅限于专业知识与技能的学习，还包括培养自己良好的职业习惯、学习能力、沟通协作能力及良好的意志品质等综合职业素养，这才是自己在未来的核心竞争力。

帮助学生了解自身优势。班主任可通过“我的自画像”（见拓展资料 1）和“我是谁 20 问”（见拓展资料 2）等活动，帮助学生了解自己的优势、潜能及需要，增强专业学习的自信，使其愿意为了自己的未来发展而努力学习。

提升学生的班级归属感。爱与归属的需要是人最基本的心理需要之一。一般情况下，因专业兴趣缺乏而厌学的学生在班级内往往属于边缘学生，对班级没有归属感。营造良好的班级氛围，提升学生对班级的归属感是学生专业认同建立的重要途径。班主任可根据学生的特长，鼓励学生积极参与学校及班级组织的相关活动，让学生享受在活动中获得的成就感，在积累成功体验的过程中，逐步形成自我认可的良性循环，进而对班集体产生归属感，从而促进学生专业认同感的提升。

3. 中职学校如何对学生开展专业教育？

专业兴趣的培养，绝不仅仅是班主任一个人的事，要集合教师、学校各方面资源，给学生提供学习、锻炼的平台。

加强新生的入学适应性教育。在国务院颁布的《国家职业教育改革实施方案》中明确指出：“职业教育与普通教育是两种不同教育类型，具有同等重要地位”，但有些学生在进入中职学校读书的时候，带有一种错误观念，觉得接受职业教育远不如进入普通高中有面子、有前途。学校可以通过邀请优秀毕业生谈成功经历，邀请专家谈中国职业教育的发展前景，带学生参加社会实践，体验职教学生对社会的贡献和价值，让学生意识到中职学校的学生一样可以创造精彩人生。对职业学校的认同和适应，将有效提高学生对专业学习的信心和兴趣。此外，适应性教育还包括生活、学习、人际交往、专业认识、自我管理、自我规划等方面的内容。采取灵活多样的沟通方式，如谈心、讲座、报告、团体活动、观看宣传片、案例探讨，让学生实现角色转变，尽快找到知心朋友，尽快树立新的目标，尽快融入中职环境。

开展丰富多彩的活动与课程。对于学校而言，拓宽学生专业学习的渠道是提高学生专业认同感的有效途径。对于职业学校来讲，在课程方面比普通高中有着先天的优势，如茶艺室、插花室、美容室、形体室、西点实训等专业实训室能为学生提供开放的学习环境，学校可以通过选修、社团等开设不同专业的特色课程，一方面培养学生多方面的才能，丰富学生的校园文化；另一方面也可以发展学生不同的知识和技能，拓宽学生的专业发展途径。

开展职业生涯教育课和辅导。“职业生涯规划”是我国中职生必修的一门德育课。学校应加强对“职业生涯规划”课程的教学研讨，可在课程中融入团体心理辅导的理念与方法，对学生进行职业认识、自我认识、职业发展、生涯规划等团体辅导活动，对出现问题的个别学生进行个别辅导。学校还可以尝试建立专业弹性选择制度，当学生出现严重的专业认同问题，试学一年后发现思维方式和专业知识难以在所学专业有发展和突破，甚至出现情绪和行为问题时，可以帮助学生做职业测评，综合学生、家长、班主任、专业教师的意见，及早为学生找到适合发展的方向。

拓展资料 1

我的自画像

请根据自己的实际情况回答“我的自画像”中的问题。

（1）如果说自己有值得自满的东西的话，那就是：________

（2）在他人看来我的优点可能是：________

（3）近来自己都感到做得比较得心应手的事情是：________

（4）我竭尽全力做的事情是：________

（5）对我来说最高兴的事情是：________

（6）朋友称赞我的一件事情是：________

（7）我实际做过的、感到好极了的一件事是：________

（8）我被他人所羡慕的事情是：________

（9）我感到值得自己引以为荣的是：________

（10）与去年相比，今年感到自己有所进步的是：________

（11）至今为止，我克服过的困难之一是：________

（12）在现实生活中，我的目标是：________

（13）至今为止，我想克服的困难之一是：________

（14）我感到自己对他人有用，表现在：________________

（15）为了保持自己心情平静而努力的事情是：________________

拓展资料 2

我是谁 20 问

我是谁 20 问也称为 WAI 技法，WAI 即“我是谁？”（Who am I）。用这种方法可以测验自我意识，特别是自我观念。

此方法可以是对“我是谁”的自问自答。受测者以自问的方式问自己是什么样的人，回答是个体头脑中出现的有关自己的各种想法，如“我是性格内向的人”等，故又被称为 20 句测验。

此方法也可用于团体施测。主试要求被试将纸笔准备好后，发出如下的指导语：“我问你 20 次‘你是谁’，请你们把想到的答案写在纸上，由于这是自我分析材料，可以不给别人看，所以你想到什么就回答什么，不要有顾虑。书面回答每个问题的时间只有 20 秒左右。如果当我问‘你是谁’时，你们有可能一下子想不出答案写不出来，这种情况下可以不写，当我再问下一个‘你是谁’时，再继续往下写。请你们只写下自己想到的答案，不要参考周围其他人的答案。当我问完 20 个问题又 20 秒之后，你们要停笔不再作答。”

对受测者反应的分析，可发现其自我意识的内容及其相对重要性。

分析的内容包括以下几个方面：

（1）答案的数量和质量。即一共写出几个答案，答案中哪些方面的内容多，如果能写出 9～10 个答案，则大体上可以认为你没有特别的障碍。如果只能写出 7 个或更少的答案，则可以认为是过分压抑自己。

（2）回答内容的表现形式。有三种情况：符合客观情况的，如“我是女孩”“我是中学生”等；主观解释的情况，如“我是老实人”“我胆小”等；中性的情况，即谁都不能做出判断的情况。如果主观评价和客观评价都有，则可以认为取得平衡；如果倾向于主观或客观，则不能取得平衡。在主观评价中，最好是既说到自己好的方面，也说到自己不足的方面。

（3）回答的内容是否涉及自己的未来。哪怕只有一个答案涉及未来，如“我是未来的服务员”，也说明自己有理想和抱负，在现实生活中充满生机。如果没有一个答案涉及未来，则可能说明自己对未来考虑不多。

02 烦透了，我不想读书了

——学业习得性无助的干预措施

一 案例描述

“烦透了！不想读书了！死了就解脱了！”班级电子留言本上的一句话引起了班主任王老师的重视。

留言的学生是小静，她成绩一般，平时话语不多，喜欢独来独往，很少有人注意到她。王老师觉得小静一定是遇到了烦心事，当天放学后，立刻找到了她。还没等王老师开口，小静就伏在桌上“呜呜”地哭了起来。王老师给她倒了杯水，耐心地等她平静。在王老师的鼓励下，小静说出了自己的烦恼。

一年前，小静随打工的父母从农村老家来到省会城市，选择了目前就读的职业学校 3+2 大专班。父母因为没有文化吃够了苦，对她寄予了厚望，希望孩子将来能出人头地，要求她每学期成绩前进五名，在尽量短的时间内，在班上名列前茅。为了这个目标，她努力学习，但由于底子薄、基础差，要达到父母的期望简直难如登天。尤其是英语，因在农村学校没有经过听力训练，英语课就像听天书一样，连老师最基本的口语交流听着都很费劲，半天反应不过来，更别说像同桌那样流利地用英语回答问题了。每次上课她都不敢抬头，总感觉老师和同学们在笑话她、歧视她。在巨大的压力下，小静的成绩不进反退，为此父母不理解还常常责骂她，嫌她不争气。小静为此更加自责，总在心里想：父母把辛苦赚来的钱都花在自己身上，读不好书对不起父母，她恨自己的无能、蠢笨，可是无论如何努力，成绩始终停滞不前。

她苦恼极了，学习就像大山一样压在心里，让她透不过气来，无处可诉，无法可解，觉得死了就轻松了，不用再学习了……

二 案例分析

这是一则由经常性学业失败引发的习得性无助的案例。习得性无助也称习得性自弃或习得性绝望，是指遭受接连不断的失败和挫折，再加上不当归因和评价，个体形成一种对现实的无望、无助和无能为力的心理、行为状态，主要表现在学业、社会交往等方面。

中职生中较为普遍存在学业的习得性无助现象，不少学生因学习成绩较差，受到批评也比较多，曾经尝试努力，却又屡遭失败，拥有更多的学习挫败感。具有习得性无助感的学生表现为“四低”：一是成就动机低，没有通过努力获得成功的内在动力，他们对于失败的恐惧远远大于成功的希望，所以不能给自己确立恰当的目标，学习时漫不经心，不付出努力；二是自我概念低，对自己在生理、心理等方面的自我评价过低，自我认同感差，对学习态度消极，与同伴相处自卑多疑，认为自己不受喜欢，与同伴关系日渐疏远；三是自我效能感低，对自己完成学习任务的能力持怀疑和不确定态度，遇到挫折时怀疑自己的能力，往往自暴自弃，经常体验到强烈的焦虑，身心也会受到损害；四是积极思维能力低，认为自己永远是一个失败者，无论怎么努力也无济于事，不肯接受别人的建议，以消极的方式应对学习问题。

一旦形成习得性无助感，就会出现泛化效应。从最初的学习情境中的无助无望感，逐渐扩散到其他情景中，导致在动机、认知、情绪和个性上出现问题。习得性无助的长期累积还会导致非智力品质的弱化，在无数次打击之下，形成消极和不良行为，如不文明语言、说谎、打架斗殴、欺侮同学、与教师顶撞冲突、吸烟酗酒、参与赌博或变相赌博、热衷于结交网友、喜欢网恋、借故旷课逃学、外出闲逛不归等。一部分中职生表面上看起来骄横傲慢、经常惹是生非，甚至“无法无天”，其实恰恰是强烈希望得到别人关注的反向表现。

在中职生教育管理中，特别要关注学生的习得性无助现象，如果得不到及时地调节和有效地干预，就容易陷入恶性循环，学习过程愈加被动、低效，兴趣和成绩每况愈下。面对学生的无助状态，班主任应充分利用心理效应的积极作用，通过积极评价、正确归因等方面的引导，帮助学生慢慢走出习得性无助状态，有效提高教育教学的质量。

三 干预措施

1. 如何识别有学业习得性无助的学生？

学业习得性无助感明显的中职生，日常表现可以归纳为以下几个方面：

学习上的怠惰现象。在学习时缺少信心或丧失动力，没有目标，不愿努力，没有学习成就感，不遵守纪律，上课迟到、旷课，注意力不集中、开小差、打瞌睡，经常趴在桌子上睡觉，听课不专心，不愿意做作业，或者拖延作业、抄袭作业，课堂上不肯发言。

考试中的焦虑现象。考试作弊违纪，或者考试开始就想着交卷，不愿意将试卷或考试成绩给家长看，特别反感家长过问学习方面的事情等。

上学的困难现象。每天一想到要去学校或进课堂就感到紧张、烦躁，甚至出现生理不适，如食欲不佳、胃痛、头晕、失眠等，期盼早些离开学校、班级，甚至产生厌学、辍学想法等。

情绪和行为的消极现象。对自己的智力水平、学习能力持怀疑态度，对学习和班级活动退避、反感，他们认为自己不是学习的“材料”，无论怎样努力都不可能取得成功，对未来抱着一种无所谓或听天由命的态度，甚至是自暴自弃，破罐子破摔。

班主任或任课教师如果发现学生的上述表现，可以考虑该生是否产生了学业习得性无助感，而不是单纯地认为是品行问题。

2. 针对有学业习得性无助的学生，班主任应如何做?

目标激励，重塑自信。学生之所以产生无助感，多是由于在以往学习过程中，有过太多的失败创伤，所以班主任不要幻想通过一两次激励性谈话就能改变这种局面，而应该给予具体的、持久的支持，如指导他们建立一个“跳一跳够得到”的目标，并帮助其通过努力获得成功，从而获得自信和成就感，逐渐积累形成积极的自我观念。

班主任在接班后，应尽快了解学生的基本情况，结合学情与所学专业的特点，确立班级目标，同时引导学生结合班级目标建立自己的个人目标，并将个人目标在班级公开，使学生正确定位自己并为之努力，形成你追我赶的良好班级氛围。同时要了解每一位学生的长处，不单纯以学业成败论英雄，为每一位学生创造获得成功的条件，让学生能在班级活动中发挥自己的长处，获得归属感，从而将这份自信慢慢迁移到学业上。

合理归因，调整认知。习得性无助的学生客观上存在着归因问题，通过一定形式的有效训练，可以帮助他们改变不合理的归因方式，形成积极的归因。班主任可结合学习活动中的成败事例，讲解美国认知心理学家韦纳提出的归因理论（见下表），引导学生讨论和分析成败原因。例如，对于考试的失败，可以有以下几种归因：试题太难、能力不足、努力不够、方法不当、运气太差等，而习得性无助的学生往往将失败归因为自己能力不足这一稳定的自身因素，班主任要积极引导他们正确分析自己失败的原因。当然，对习得性无助的学生进行有效训练决不能停留在纠正归因方式上，而应花更大的力气改善他们的认知策略，根据学生实际情况给予具体的方法指导，提高他们解决实际问题的能力，并在训练中，对学生的每一点进步都给予积极的鼓励，从而更好地保持学生的自尊和自信。

韦纳的归因理论

因素 维度	成败归因维度					
	因素来源		稳定性		可控制性	
	内部	外部	稳定	不稳定	可控	不可控
能力	√		√			√
努力程度	√			√	√	
任务难度		√	√			√
运气		√		√		√
身心状况	√			√		√
外界环境		√		√		√

积极关注，多方支持。教育教学活动中，班主任常常会忽略像小静这样安静的学生，因为他们太忙于将注意力放在那些吸引注意和寻求权力而捣乱的学生身上了，而这些情绪压抑、挫败感强的问题是慢性、隐性的日积月累，最终可能导致辍学。班主任要充分重视习得性无助的问题，调动班级学生、任课教师、学生家长等多方资源给予关注支持。

班主任要多关心他们，多让他们参加一些校园活动，在活动中给予他们机会表现自己。平时动员一些同学主动和他们交朋友，在学习、生活各方面关心、帮助他们，多给予适时的鼓励；和科任教师沟通，让科任教师对其多关心并在学科知识及学习方法上给予具体的指导；与家长沟通交流，引导家长调整对孩子的过高期望，不要把自己未完成的心愿强加到孩子身上。

3. 班主任与无助感较强的学生个别谈话时，应注意哪些问题？

建立关系，同理情绪。有习得性无助感的学生，经常处于落后状态，由于经历过多次尝试的失败，得不到他人的认可和赞扬，心理需要无法获得满足，容易变得烦躁，对他人、外界和集体带有莫名的逆反和对抗。面对此种情景如果老师说“每个人都有过失败，这次考差不算什么”“别灰心，未来还长着呢，咱努力就行”“老师相信你是有能力的”“其实你也有很多优点，在舞蹈方面你就很有天赋”……这些鼓励的话其实学生是听不进去的，此时他正陷入在情绪失调的高焦虑或抑郁状态里。班主任首先要做的是同理情绪，比如说“我看到你很伤心，你很在意成绩，期望能考好”“此刻，你的情绪状态不太好，如果难过最严重是 10 分，不严重是 1 分，你此刻是几分？我们做些什么，可以让你难过的分数再降低 1 分？”“我能感受到这次失败让你很沮丧，能说说那种感觉吗？”这些对话使学生感受到班主任能理解他的痛苦，能无条件地接受他，他才愿意把内心的痛苦说出来，释放积聚在内心的不良情绪。建立良好的关系是帮助学生的第一步，让学生在班主任温暖却智慧的陪伴中度过心情低谷。

善用鼓励，注意倾听。在与学生进行个别谈话时，班主任需具备一定的倾听与谈话技巧。据统计，中职生对于教师的话语，最反感的是讽刺、贬低和挖苦，如“你怎么能犯那样的低级错误”“讲了多少遍，你为什么就是不听呢”等。班主任要用关心的态度了解学生的真实想法，对他的困惑表示理解并愿意提供帮助。多些鼓励、多些包容、多些赞许、多些信任，多说些“你那么做一定有你的想法或苦衷”“不管发生什么，我都相信你是想努力证明自己是有价值的”“我看到你的努力，今天你两次举手回答了问题”等这样的话语，让学生能够在教师“看到”中发现自身的资源，在教师的“鼓励”中获得自信的养分。

03 拔掉心中这根刺

——嫉妒心理的干预措施

一 案例描述

小丽是班里的学霸，不仅成绩稳居全班第一，还是班长、学生会副主席，并荣获了市级三好学生、演讲比赛第一名等奖项，深受老师的欣赏和同学的喜爱。小丽一直觉得自己是No.1，可最近突然感到了竞争的压力。

今年全国职业技能大赛要开始了，学校组织选拔赛，在全校范围内遴选最优秀的学生代表参加。小丽以一种势在必得的信心第一个报名，好朋友娟子也想参加，但缺乏自信不敢报名，小丽鼓励她试试，即使选不上也能得到锻炼。在小丽的鼓励下，娟子报名了。结果出人意料，娟子入选，小丽却落选了。小丽备受打击，想不明白娟子凭什么能超过她?！娟子就是长得好看点儿，嘴甜会巴结老师，如果自己个子再高些、再瘦点儿的话，哪有娟子的份儿?

经过一段时间的赛前集训，选手们进行模拟展示，娟子比以前自信了，回答问题流利自如。看着同学们为娟子鼓掌叫好，小丽心里却酸溜溜的。她觉得这个机会原本应该是自己的，娟子凭什么抢了自己的风头?！小丽妒火中烧，越想心里越难受，越想心里越不平衡，吃不好饭，睡不好觉。终于有一天，小丽趁教室没人，把娟子参赛的训练资料扔到地上，狠狠地踩，踩烂之后还觉得不解气，又撕成了碎片，扔到了垃圾桶……

二 案例分析

小丽一直是班里的佼佼者，娟子的出色表现破坏了小丽在学业上的优越感，从而心生嫉妒，通过破坏娟子的参赛资料进行宣泄。

嫉妒是群体竞争中常见的心理现象，是个体在与他人比较过程中，发现自己在某些方面不如别人，而产生的一种由羞愧、愤怒、敌意、怨恨等组成的复杂情绪状态，甚至还带有攻击性和破坏性。有人群的地方就有比较和竞争，每个人都希望自己比别人好，或多或少都有嫉妒心理，这是一种普遍存在的社会心理现象。

如果个体在比较自己与他人时，存在认识上的偏差和情绪上的失控，就容易出现嫉妒。就像案例中的小丽，其实她的综合素质很强，但选拔赛落选这一件事，就让她感到自己遭到全面碾压，错误地认为娟子的入选导致了自己的失败，沉浸在消极的、敌意的情绪中，因无法排解，通过给别人的成功制造麻烦的方式，来获得心理平衡。这种采取破坏性行为攻击对方，或是过度自我谴责，影响到生活学习等现实功能的嫉妒心理，就属于需要心理辅导的范畴。

在中职学校，嫉妒的原因大多是其他同学的外貌漂亮、家境优越、成绩突出、朋友多、人缘好、受异性喜欢、受老师表扬等，不一而足，而且多发生在与自己能力接近的人之间。嫉妒心理并不可怕，可怕的是不能正确对待。合理的处理方式是全面、辩证地认识自己和他人，接纳自我和他人的差异，将嫉妒升华，变成推动自己进步的动力。如果不能对嫉妒心保持觉察和调整，就容易陷入自卑、苦恼、仇恨的情绪中不能自拔，甚至付诸破坏性行为，既损害了自己的身心健康，又破坏了人际关系的和谐。

一般来讲，嫉妒心理的发展分三个时期：前期表现为由攀比到失望的压力感，程度较浅，往往深藏于个人的心中，不易觉察。中期表现为由羞愧到屈辱的心理挫折感，其标志是当事人的嫉妒不再潜藏在心里，而是自觉或不自觉地以外在的行为表现出来，如对被嫉妒者做间接或直接的挑剔、造谣、诬陷、说风凉话等。后期则表现为从不服、不满的情绪到怨恨、憎恨的发泄行为，此时缺乏理智，容易做出一些极端的行为。教师要注意观察和及早发现学生的嫉妒心理和表现，及时进行干预和调整，将嫉妒转化为积极动力。

三 干预措施

1. 对因嫉妒而采取破坏行为的学生，班主任该如何引导？

弄清真相，冷静处理。对因嫉妒而采取破坏行为的学生，班主任不要从道德层面进行教导，也不要当众批评，最好采取个别谈话的方式，先弄清事情的原委，再做出处理决定。同时，班主任也要看到他们嫉妒背后不甘落后的上进心和技不如人的自卑感，针对具体情况采取相应的办法进行疏导。

认识嫉妒，接纳自我。让学生正视自己的嫉妒心理，并接纳自我，这是调整嫉妒心理的第一步。班主任要告诉学生嫉妒心理人人都会有，甚至可采用自我暴露的方法，爆料一下自己学生时代的嫉妒故事，将嫉妒平常化、正常化，从而减轻嫉妒给学生带来的心理压力。第二步，引导学生发现自己的优点、优势，班主任可以直接表达对学生的认可和赞美，增强学生的自我接纳和心理能量。

第三步，引导学生把自己放在被嫉妒者的位置，体验嫉妒行为给对方造成的伤害，重新看待自己和他人的差距，对他人有更多的理解和接纳。

方法指导，转化动力。变嫉妒为积极竞争的动力，是转化工作的重中之重。班主任要引导学生对自己进行正确的评估与分析，看到自己的长处，正视自己的不足，学会正确地与他人去比较。引导学生认识到“人无完人，金无足赤”和“尺有所短，寸有所长”，不要总拿自己的不足去和他人的长处比较，建立“你是苹果我是梨，咱俩之间不能比，要做就做最好的自己”的自信、平和心态，学会欣赏自己的对手，才能激励自己成长。另外，班主任要为不同的学生“量身定制”，为他们提供展示自己的机会，让学生在实践中增强自信，在行动中化解嫉妒，正如培根所说“每一个埋头于自己事业的人，是没有工夫去嫉妒别人的。”

2. 班主任如何预防学生间嫉妒丛生?

一般来讲，学生产生嫉妒心理的原因主要表现在两个方面：一是教师对学生的评价不公，褒贬不当，造成学生之间在对比中产生了心理差距，从而诱发部分学生的嫉妒心理；二是由于学生个体之间存在差异和某些学生存在着不健康的竞争心理。班主任可根据嫉妒产生的原因，采取针对性的措施，防患于未然。

尊重和平等对待每一位学生。班主任是学生成长过程中的重要他人，学生都很在意班主任对自己的评价。在班级管理中，班主任不能过分宠爱少数学生，让表扬成为某位同学的专利，从而让他成为众矢之的，因同学的嫉妒而受到孤立；而是要“雨露均沾”，绝不冷落任何一位学生，关注到班里的每一位同学，予以公平、公正的评价。

用多元评价培养学生悦纳自己和他人。世界上没有两片相同的树叶，学生之间的个体差异是一种客观存在。在班级管理工作中，班主任不用一把尺子量人，有多少位学生就准备多少把尺子，要善用多元评价，从学习、体育、艺术、口才、创新、孝敬、卫生、纪律等多方面评价，让每一位学生在班级都有受到褒扬和得到展示的机会，在班级生活中获得价值感和归属感，用多元评价的手段和班集体的教育力量，去消除部分学生不健康的竞争心理，接纳彼此间的不同，不仅看到他人的长处，同时也看到自己的优势。

用专项活动树立健康竞争意识。要消除学生的嫉妒心理，关键在于调整学生的认知，引导学生树立“人生重在自我完善而非击败他人”“与其嫉妒别人，不如完善自我”的观念。为此，班主任可以通过主题班会如《你好＋我好＝？，我好－你好＝？》，也可以通过组织合作共赢类的心理游戏，如“连连跳”“同舟共济”“让履带动起来”等（见拓展资料3），让学生在活动中实践、体验并感悟竞争与合作的关系，从而引导学生形成健康的竞争意识，提高心理调控能力，及早预防和消除嫉妒心理，逐步成为宽宏大量、能够为他人进步衷心喝彩的人。

3. 与学生个别辅导需注意的地方

（1）当学生说：“某同学是我的好朋友，可我一直嫉妒她。”

心生嫉妒的人往往内心都有矛盾，一方面看到朋友比自己优秀而难受，另一方面觉得自己不该有嫉妒的想法从而自责，此时从道德的层面批评或责怪，容易增加学生的内疚感。巴尔扎克说过：“嫉妒者的痛苦比任何人的痛苦更大，他自己的不幸和别人的幸福都使他痛苦万分。”当学生向老师袒露自己的嫉妒时，老师应首先进行同理，不能说：“你俩关系那么好，她那么帮你，你怎么能嫉妒她呢？”“嫉妒害人害己，你得消除嫉妒心。”积极的回应是：“你这么有勇气直面自己的嫉妒，很不容易！你在嫉妒的同时还与她相处为好朋友，更不容易，你是怎么自我调整的呢？”“大家都有嫉妒的时候，你是怎样看待的呢？”

（2）当学生说：“凭啥有那么多人喜欢她？凭啥她获得那么多荣誉？”

面对嫉妒，不一定戳穿嫉妒，增加更多看待这个问题的视角，可以帮助学生更全面和辩证地看待自己和他人。此时不当的回应是：“没有人能轻轻易易成功，你得多看别人的长处。”“不要嫉妒别人的成绩。”“你要像她那么努力，自然就能获得那么多的荣誉了。”简单的劝告或说教不但起不到疏导作用，还会增加被责备的压力。积极的回应是：“她那么招人喜欢，还获得好多荣誉，她是怎么做到的呢？你能分析分析原因吗？”“听起来好像你也很希望自己优秀，如果你像她一样有那么多人喜欢和荣誉，会是什么样子呢？做到了哪些你会成为那个样子呢？”“你猜猜看，咱们班其他同学怎么看她呢？”

（3）当学生说：“某同学说我成绩虚假，这分明是嫉妒！”

被嫉妒也让人难受，这是一件无法通过改变别人来消除的事情，不可控感往往就成了怨天尤人，要辅导学生认识到嫉妒的普遍化，从改变自身来影响别人。面对遭受嫉妒学生的委屈和愤怒，不当的回应是：“你小心眼了，不要臆测。”“她说她的，你学你的，不要受到不好言论影响。”“既然你的成绩是真实的，就不要心虚，别管别人说什么。”这些安慰的语言无法纾解学生内心的痛苦。积极的回应方式是：“我能感觉到你有些委屈，还有些气愤……详细说一说你的感受和想法吧。”“你猜猜看，她怎么会嫉妒你呢？那个嫉妒你的人有什么样的感受呢？”“如果你所说的嫉妒还继续存在的话，你为此负百分之多少的责任？其他人负百分之多少的责任？你可以做出哪些调整？如果你调整了，嫉妒会更多还是更少？如果嫉妒依然还有，你会有哪些不同的看法？”“怎么做可能会遭受或是吸引到更加的嫉妒？”

拓展资料 3

连连跳

合作不是一句口号，而是一种能力。当与同伴在共同完成一项活动中，遇到困难、失败时，是都觉得自己对，是相互推卸责任，是埋怨对方，还是一起分析原因，共同寻找解决办法……这些决定着任务的完成情况。知道合作的重要性不难，但真正懂得如何与人既有合作又有竞争却是需要用一生来感悟的。和你的伙伴一起做做“连连跳”的游戏，相信你会从中找到答案。

一、先来读读游戏规则

（1）把全体按照 5 ～ 7 人一组，分成若干组，并分配给每人一根跳绳。

（2）小组成员间距离半臂远，排成一横排，做好跳绳的预备姿势。

（3）每个人把绳子的一端交给相邻的伙伴。最后形成的队形是：你左手拿着左边伙伴的绳子右端，你右手拿着右边伙伴的绳子左端；左边同学拿着你的绳子左端，右边同学拿着你的绳子右端。

（4）小组成员一起摇绳跳。先进行 15 分钟的练习，之后进行小组之间的比赛。整体连续不间断跳的次数最多的小组为优胜组。

二、开心之后别忘了讨论

（1）你们小组最终能够连续跳几个？说说成功或失败的感受。

（2）你认为比赛失败或跳不好的原因是什么？把所有影响因素都罗列出来。

（3）分析这些原因，找出解决的办法。

（4）在活动过程中，都遇到了哪些困难？当面对问题时，大家是相互埋怨，还是相互体谅支持？最终困难是怎样解决的？

三、最后让我们分享心灵的收获

____

____

____

温馨提醒

人数： 不限

时间： 20分钟左右

准备：

（1）空阔的活动场地。

（2）根据人数准备足够的跳绳。

（3）可以通过调整小组成员的人数来变换活动难度。组员越多，活动难度越大。

注意： 注意抡绳子时注意安全，不要把身边的同学打伤。

同舟共济

我们都希望所在的集体具有凝聚力。可生活中难免有冲突、矛盾、误会发生，同学关系有了隔阂，会变得冷漠。在这种压抑的气氛中，每个人的情绪和学习状态势必受到影响。这种情况下，不妨在一起做做“同舟共济”的小游戏，消除彼此间的隔阂，凝聚集体意志，拉近大家的距离。

一、先来读读游戏规则

（1）把全体按照6～8人一组，分成若干组。可以根据集体情况，把平时关系不合的人分为一组，然后发给各组一张大报纸。活动时间为15分钟。

（2）假设大家处于这样一个故事情境中：洪水暴发，淹没了所有的陆地，每个组只有一条船。大家要靠这唯一的求生工具漂渡到安全地带。

在游戏中，报纸就是那条船。要求各组成员在不借助墙、桌子等外力的前提下，所有人都站在铺开的报纸上，这是第一关。把报纸整张铺开，大家可以采用背、抱、叠罗汉、脚踩脚等各种方式，但每个人身体的任何部位都不能接触地面。保持这种姿势，坚持站立10秒钟，即为顺利过关，表明组内成员全部获得生存机会。

（3）顺利通过第一关后，开始攻克下一关。第二关是把报纸对折，船的面积较第一关小了一半；第三关是在第二关的基础上把报纸再对折，依次类推。在闯关过程中，如果感觉到所有人站在报纸上无法过关的话，可以选择放弃一个人，也就是让他（她）离开“船”，这将意味着“死亡”。但是，是否放弃、放弃谁，必须经过小组成员讨论才可以决定。最终，哪个小组在规定时间内，闯关的人数与次数最多为获胜组。

二、开心之后别忘了讨论

（1）大家一起来说说是谁想出的闯关方法？是怎样达成了共识的？顺利闯关后又是怎样的心情呢？

（2）大家相互背着、抱着、踩着……零距离地簇拥在一起时，是怎样的感受呢？在过去的生活学习中，是否有过如此亲密的接触呢？

（3）在艰难过关的情况下，你们小组是否选择了放弃？为什么？如果选择放弃的话，放弃了谁？为什么要放弃他（她）？那个离开“船”的人又是怎样的想法和心情呢？

温馨提醒

人数：不限

时间：20分钟左右

准备：

（1）空阔的活动场地。

（2）根据组数准备充足的报纸及计时工具。

（3）每组也可增设一个观察员，观察每个人的表现；在过关时，监督大家的脚是否踩到了地面，是否坚持站立10秒钟。

注意：防止挤倒、碰伤。

让履带动起来

坦克车轮和运输带，都是靠大量齿轮配合转动，带动起履带向前运动，同时履带又带动齿轮再向前运转，于是整体就运动了起来。当其中的一个齿轮出现了问题，整个运转链就会被打破。同样当履带出现了故障，齿轮也无法转动，整体就处于瘫痪状态。无数个齿轮，还有一条履带，构成一个整体，相互依赖，互为唇齿。在生活中，每个人都存在于团体之中，如果用履带做比喻的话，我们或是家庭的一个齿轮，或是班级的一个齿轮，或是社会的一个齿轮……每个位置上的齿轮都很重要，各个齿轮之间要配合好，扮演好属于自己的角色，彼此支持才能共同发展。

一、先来读读游戏规则

（1）把全体按照6～8人一组，分成若干组。分配给每组相同的材料：20～25张报纸、1把剪刀、1卷透明胶带。

（2）在规定的15分钟内完成以下任务，最快的一组为优胜组：

1）用所给材料把报纸连接起来，制作成一条可以容纳全组人员的履带。对报纸的连接方式不作限制，横向、纵向或折叠、粘连都可以。

2）小组全体成员钻到履带中做齿轮，可蹲、可站，只要使履带转动起来就可以。然后使履带从规定的同一起点开始运转，首先到达终点的小组获胜。在运转过程中，如果履带被踩毁或扯裂，就必须回到起点进行修补，再重新从起点运转。

二、开心之后别忘了讨论

（1）你们小组最后是成功还是失败？并谈谈其中的原因和经验。

（2）你认为有哪些因素决定着履带能否成功运转？在履带运转过程中，都出现了哪些困难？你们又是怎样解决的？

（3）你作为小组的一分子，在整个活动中起到了什么作用？小组的协调及成员间的配合又起到了什么作用？

（4）现实生活中，有多少个无形的履带，我们在其中充当着一个齿轮？

温馨提醒

人数：不限

时间：20 分钟左右

准备：

（1）空阔的活动场地。

（2）根据组数，按照每组“20～25 张报纸、1 把剪刀、1 卷透明胶带”的标准准备材料，另外准备一只秒表。

（3）活动之前，规定好比赛的起点和终点。

注意：防止挤倒、碰伤。

04 为什么受伤的人是我？

——实习期适应不良的干预措施

一 案例描述

燕子经过在校两年半的勤奋和努力，以综合排名第一的成绩，如愿来到梦寐以求的实习基地——白天鹅宾馆。经过岗前培训，她成了宾馆咖啡厅的一名服务员。咖啡厅的工作任务繁重，虽然常常加班加点，她却乐在其中，对未来充满期待，相信以自己的实力，肯定会在实习中做出一番成绩。

实习三个月来，燕子在工作中没出过什么差错，可是领班从来没有表扬过她，反而是在学校时成绩远不如她的媛媛经常受到主管的表扬，说媛媛为人热情，处事灵活，与师傅关系融洽，还把媛媛安排在了比较轻松的迎宾岗位。

燕子不服气，凭什么让成绩不如自己的媛媛做迎宾？她不就是会拍主管的马屁吗？她觉得主管欺负她老实，所以专门让她干脏活、累活，她觉得“江湖险恶”，老实人总是吃亏。燕子想不明白，在学校那么优秀的自己，为什么到了工作中就一无是处了呢？燕子陷入了迷惑和低落的情绪中，工作中提不起精神，还常常迟到，一说上班就头疼。突然有一天，燕子不见了，手机关机，怎么都联系不上，老师和同学们跑遍了宾馆周围，终于在街上找到了游荡的燕子。

二 案例分析

燕子在实习期自认为受到不公正对待后，失落和愤怒的情绪逐步积聚，产生了自暴自弃的行为，这是典型的实习期适应不良案例。

顶岗实习是中职生从理论学习为主转向以实践过程为主、从学校课堂走向实际工作岗位的过渡期。根据学生顶岗实习的特点，一般将实习分为实习准备期、初入职磨合期、实习成长期、实习结束总结期四个阶段。大部分学生经过两个多月的磨合，就可以进入实习成长期。此时学生对实习企业及周边环境，都有了一定的了解，对实习工作的流程与基本技能也比较熟悉，开始的种种不适基本消失，在此期间，同学们在工作上的差距也开始显现出来。特别是那些在学校学习成绩优异的学生，或因工作悟性不高、灵活性欠缺，或因性格内向、不善沟通而导致工作业绩平平，不被重视而导致心理失落，有的甚至认为自己根本不适合此项工作而对实习丧失信心，出现要求调岗或结束实习等想法。

顶岗实习的事实表明：学生在岗位上的表现并不与在校的学业成绩成正比，一些在学校成绩优秀、表现不错的学生却难以适应工作岗位，而平时成绩一般的学生却在实习工作中如鱼得水。社会与学校是不同的，对人员素质的要求也不一样，除了工作能力外，用人单位更看重沟通、协作、组织等能力。一些在校成绩优异的学生习惯了优越感，自认为进入社会后依然是佼佼者，往往过高地估计了自己的能力而忽视了团体的协作，出现了适应不良的现象。学校要重视学生的实习适应教育，做好心理疏导，帮助他们正确认识自己，尽快转换角色，培养良好的沟通、合作等能力，尽快适应今后的职场生涯。

三 干预措施

1. 实习过程中，学生出现心理困扰时，班主任应如何引导?

同理情绪，先听后导。作为班主任，当学生在实习过程中遇到心理困扰时，首先需要做的是同理学生的情绪。此时学生最需要的是心理的安慰与支持，所以先不用讲道理，一个眼神、一个拥抱或轻轻拍拍肩膀都是对学生最大的支持与理解。接下来，班主任积极倾听，鼓励学生宣泄情绪，待学生平静后，再引导学生理性地思考工作上遇到的问题。举例如下：

- 思考在校学习与岗位实习对个人的素质要求有何不同?
- 认真观察同事在工作中的哪些表现值得自己学习与借鉴?
- 工作中，可以发挥自身的哪些优势来弥补自己的不足?

通过几个问题的反思，使学生对自己与他人的工作有一个正确的认识，调整心态与工作方式，从而突破工作瓶颈。

沟通助力，突破瓶颈。学生在校学习期间，师生之间的交往属于教育模式，而在学生实习过程中，师徒之间的交往则属于工作模式，二者的交往模式有着本质不同。有些学生没有意识到这些变化，在工作中对于师傅直言不讳的批评难以接受，对工作要求无法理解，因而导致工作上的焦虑与恐惧。班主任应主动跟学生的师傅交流，将学生在工作中所付出的努力、心理上的烦恼及个性特点等情况及时与师傅沟通，争取师傅的支持，协助学生尽快度过工作的瓶颈期。

相信学生，目标激励。作为班主任，要相信学生的潜力，根据学生的性格、能力等特点，引导学生制订好切实的实习规划，分阶段给自己确立好实习目标，并鼓励学生按规划从小处入手，大胆尝试，在完成一个小目标时及时给自己一个奖励，将有助于突破瓶颈，跨越心理障碍。

2. 为使学生尽快适应实习生活，班主任需做好哪些方面的工作?

实习动员：凡事预则立。顶岗实习是职业学校教学计划的一项重要内容，也是中职学生在校学习的必修课。虽然在入学时，学生已了解职业学校的教学特点与模式，但对顶岗实习的认识也只是停留在意识层面，并没有真正的体验。在顶岗实习前，学生既对未来的实习生活充满了期待，又对其不确定性充满了焦虑。因此，班主任应该结合学校的实习工作计划，提前了解学生对实习生活的各种困扰，有针对性地为学生做好实习动员，让学生从知识、技能、心理等方面做好各项准备。

实习指导课：针对学生实习前的困惑与心态，班主任需开展有针对性的实习指导课。例如，搜集往届学生实习生活资料并制作视频短片，请往届优秀实习生或以前带过实习生的老师介绍实习基地的基本情况及岗位对实习生的基本要求等，通过实习指导，让学生对即将进入的企业有初步的了解。也可以请学校的心理教师为学生开展实习前心态调整的团体辅导课（见拓展资料 4），以缓解学生对实习生活的焦虑情绪。

定期召开生活会：在实习过程中，因学生分布在不同的工作岗位，工作性质不同，工作时间也不一致，这就给班主任的实习管理工作增加了难度，而且在工作中，学生有着双重身份，既是学生又是员工，受教师和企业的双重管理，由于学生年龄小，又是初入职场，工作中难免会受到一些负面观念的影响，产生心理上的困扰。为此班主任应定期召开生活会，让同学们畅所欲言，聊聊自己的实习情况和感受，一是可以让学生在工作中积累的各种小情绪得到及时释放；二是让学生通过相互交流拓宽视野和角度；三是让老师及时了解学生的工作及心理动态，以便进行及时辅导。

3. 学生在实习过程中出现退缩行为时，如何与家长进行沟通？

实习成长期是学生中止实习行为的高发期，很多学生遇到问题时，往往通过采取逃避的方式来解决问题。例如，实习期间情绪低落或焦虑，往往给家长打电话诉委屈、想回家，而家长可能不了解情况，再加上对孩子的牵挂与担心，很有可能会支持孩子中止实习。

作为班主任，要通过微信、电话等方式保持与家长的沟通，及时让家长了解孩子的实习状态，以便获得家长的支持。与家长沟通时，需注意以下几个问题：一是把握好沟通的时机，对学生行为要有预见性，发现情绪状态不好、适应不良等苗头时，提前与家长沟通，不要等到学生出走再亡羊补牢；二是沟通时要讲究技巧，先肯定孩子在实习岗位上的一些喜人表现，然后说明孩子目前的情绪波动，告知家长，假如孩子打电话诉苦时，不要说“咱不受那个委屈，回来吧”“实习太苦了，不想干就别干了”，也不要说“必须坚持，大家都在干，你怎么就不能吃苦”“社会就这样，不能太脆弱”，而要给孩子心理安慰，尤其是鼓励和支持，如“第一次面对社会，的确很不容易”“实习日子很辛苦，你都坚持了一个月，很了不起”“听你这么委屈，爸妈很心疼，咱们想想有什么办法应对”等；三是与家长沟通自己的工作策略，争取家长的支持，与家长形成合力。

拓展资料 4

一次特殊的旅行

——实习前团体心理调适辅导实录

一、辅导背景

一年一度的顶岗实习生活即将拉开帷幕。这段时间，“外面的世界是否很精彩”已成为班级学生们普遍关注的热点，脑子里塞满了有关实习的各种信息，但总是没有一个完整清晰的轮廓。对未来的不可预知让学生有些焦虑。实习前夕，作为班主任和学校的心理辅导老师，我决定通过心理游戏的方式为学生们开展一次团体心理辅导——盲人之旅，以缓解学生的焦虑情绪，使学生们对为期一年的实习生活做好充分的心理准备。

二、辅导过程实录

步入教室，没有了往日课间的喧闹，我发现班级的重组让同学之间多了几分新鲜，又添了少许的拘束。上课的铃声还未响，大家却已安安静静地等在教室里，也许是希望我能给他们带来有关实习的新信息。看着大家期待的目光，我环顾四周微笑着说：“今天我带大家去旅行，如何？”

“好！”大家异口同声地回答，同时眼里充满了好奇，可能在想，一点准备也没有，怎么去旅行啊。

我看出了大家的困惑，笑着说：“我们今天的旅行有点特殊，不需要大家用眼睛去看，而是用心去感受，等旅行结束，我们一起来分享各自的体验好吗？”

“老师，别卖关子了，您快说吧！到底怎么做？”性急的同学已有些按捺不住了。我说：“那就请大家仔细听好，我先公布一下旅行的路线与规则。我们的任务是每个人从自己的座位走到讲台，再从讲桌上找到粉笔，将自己的名字写在黑板上。不过大家在行动之前要先戴上眼罩，准备好听我口令。”

“啊，不会吧，那怎么走啊！”胆小的女生竟愣愣地坐在座位上，迟迟不肯将眼睛蒙上。

有的同学嘴里说着简单的同时已经将自己的眼睛蒙上了。

准备完毕，等大家安静下来，我说：“同学们，这不是一次简单的旅行，也不是一个单纯的游戏，暂时就把它当作是我们即将要开始的实习旅程，请大家用心去感受，用心去完成。准备好了吗？”

“好啦！”有学生应答。

“准备好了吗？！”我又提高了声音。

“准－备－好－啦！”大家异口同声，声音洪亮，让人感受到一股力量。

“GO！”

等我一声令下，大家几乎是一拥而上了。教室里顿时像是开了锅。看似简单的游戏，做起来却没那么容易。有的撞到了桌子；有的相互踩了脚；有的手脚并用，小心地试探着路；有的互相搀扶；还有一个同学随手抄起了桌上的一个矿泉水瓶子紧紧握在手中，就像抓住了一棵救命稻草……好不容易摸到了讲台，找到粉笔，终于把名字写上了。在返回自己的位置时，也是费尽心力，有的竟然坐错了位子，有的甚至迷失了方向。当大家取下眼罩，看到黑板上分了家、错了位、叠罗汉的字迹时，不禁哄堂大笑。

“老师，这个游戏太小 case 了，能不能再刺激一点儿？”班长这一喊，犹如一石击起千层浪，引起了教室里一阵不小的骚动。我说：“好啊，大家给出出主意，给班长来点刺激的好不好？”

这下同学们又热闹起来了，“老师，您就瞧好吧。”几个好动的男生不由分说已将这个“不知天高地厚”的班长拉到了教室后头，抓住他的胳膊原地转了足足有十圈。大概是被转晕了，班长原地站了好一会儿都没动，但我看得出他是在通过大家的声音辨别方向。有同学开始带着挑衅的口吻说："刺激吗？晕了吧？"其他同学则在一旁偷着乐，期待着一出好戏的上演。

我将食指放在嘴上，做了一个保持安静的提示。教室里很快平静下来。只见班长定了定神，伸出一条腿在前面探路，小心地迈出了第一步。每走一步，都有调皮的男生给他设置障碍，不是用语言来误导方向，就是用桌子堵住去路，还不时给他设置一个个陷阱——用桌子将他团团围住，形成了一个死胡同。在班长转了几圈也没有摸到出口，大家笑得前仰后合的时候，他忽然明白自己上当了，但是他丝毫没有气馁，反而更激发了他的斗志。他一改刚才的小心翼翼，开始"勇往直前"，只见他逢"山"开路（将桌子移开），遇"水"搭桥（遇到搬不动的桌子，就抬腿跨过去），也许是被他这种锲而不舍的精神感动了，那几个男生不再故意刁难。经过千辛万苦，班长终于自豪地将自己的名字写到了黑板上，并用双手做了一个胜利者的姿势。大家情不自禁地报以他热烈的掌声。

随后又有几个同学尝试了新的玩法。

等气氛渐渐平静下来，我让大家结合即将到来的实习，分享彼此的感受。

"路线虽短，我却费了九牛二虎之力，成功之时真是百感交集。实习的一年中，肯定会遇到各种各样的困难，只有坚持，才会迎来成功的喜悦，这是半途而废的人永远体会不到的。"

"当眼前一片漆黑，我害怕极了，想过放弃，也想过求助，可求助的话怎么也说不出口，就算是对最好的朋友也张不开嘴，只好硬着头皮走下去。虽然我成功了，但已是'遍体鳞伤'，如果大胆地信任朋友，可能就不至于这样，所以实习中遇到问题一定要及时与朋友、老师去沟通。"

"在我的整个旅程中，'小心''注意点'等关心的话，使我感受到了友情的力量。希望我们在实习中也要相互鼓励，相互支持，我们班一定是最棒的。"

"我们不仅要感谢帮助过我们的人，更要感谢给我们设置'障碍'的人，是他们让自己变得更加坚强。"

"不管在任何环境、任何条件下，只要自己支持自己，相信自己，就会克服所有的困难，我会以今天的勇气勇敢地挑战实习！"

"黑暗中我们更多需要的是勇气和坚持，学会用心灵来谱写青春的乐章。实习生活漫长而短暂，只要心中有目标，就不会迷失方向，任何困难都无法阻挡我们前进的步伐，坚持就是胜利。"

……

精彩的发言博得了阵阵掌声，我说：“同学们说得太好了。不仅仅是实习，其实我们的人生旅程都如同今天的盲人之旅，我们有时候可能看不见前方的路走向何方，也可能在某个路口迷失方向。旅途中，我们会遇到各种各样的人，发生各种各样的事，只要大家不忘初心，清楚自己旅行的目的，并以积极乐观的心态去克服困难，用感恩的心来对待生活中的一切磨难，用永不言弃的精神来支撑自己必胜的信念，就一定能成为人生路上的佼佼者”。

活动在掌声中结束了，但大家的思索还在继续……

05 向左走，向右走？

——毕业选择性焦虑的干预措施

一 案例描述

6月，某职校的顶岗实习工作接近尾声，班主任张老师同时也是此次实习的指导教师。经过顶岗实习，学生们从刚入职的懵懂无知，到对专业和岗位的全面熟悉，从对工作无从下手，到现在的得心应手，顺利完成了从学生到职业人的转变，张老师对此非常欣慰。

实习单位某大酒店给予了这个班学生很高的评价，希望这批学生在毕业后能返回酒店就职，并表示提供优厚的待遇、更多的锻炼机会及广阔的职业发展空间。张老师觉得这是个好机会，第一时间把这个消息告诉了学生们。十几天过去了，没有学生向酒店人事部递交留职申请。张老师疑惑了，学生们究竟在犹豫什么呢？于是，召开了一次主题生活会，学生们畅所欲言，说出了内心的真实想法。

“我想在这里入职，工作、同事都熟悉，待遇也不错，可我父母死活不同意，说离家太远，可他们替我找的工作我又不喜欢。”

“以前常盼着快点毕业，可真要毕业了，想着再过一个月就要和同学、老师分开，要独立走向社会，我就紧张得不得了。”

“我喜欢这个酒店，可不喜欢我现在的岗位，所以我想趁年轻到别的酒店去闯闯。”

“留在这里当然好，可听师哥师姐们说，在这里工作不如回省会城市机会多。”

“我不太喜欢现在的专业，想回去继续升学，可又不知自己学什么专业好。”

……

同学们你一言我一语，把近日郁结在内心的烦恼一股脑地都抛给了张老师，看着大家焦虑的表情与求助的目光，张老师感到学生们急需职业生涯规划的辅导，可是不知从何做起。

二 案例分析

案例中，学生们所呈现的选择性焦虑是中职生择业时比较典型的心理状态。中职生在完成实习后即将面临毕业的选择，是先就业还是继续升学，是择业还是创业，求职方向是专业对口还是个人兴趣优先，就业地区是离家近还是留在经济发达地区，很多学生陷入眼花缭乱的选择中。择业标准有很多，如行业性质、工作环境、发展前景、福利待遇、地理位置等，面对诸多的选择可能，很多学生难以取舍、举棋不定，因而陷入彷徨、困惑、烦躁的矛盾心理冲突。

造成中职生毕业焦虑心理的原因有如下几个方面：

一是中职生缺乏对自身的正确认识，职业目标不清楚，同时又过分看重初次就业的重要性，不自觉地加大了自己的心理压力，精神过于紧张，一旦条件达不到，就会因挫折感而导致就业焦虑。

二是很多家长爱子心切，不顾孩子的兴趣、爱好、特长和专业等特点，硬把自己的想法强加于子女，从而造成亲子冲突，成为学生就业焦虑的间接因素。

三是部分中职生存在好高骛远的思想，没有做好从最基层工作干起的心理准备，这山望着那山高，不能及时调整自己的就业期望值，陷入高不成低不就的恶性循环，从而产生心理失衡。

四是有些中职生在择业时存在着攀比心理，他们不能从自身实际出发，盲目追求高收入、高待遇的企业。当择业目标与实际情况存在较大的差距时，产生挫折感，进而对自己的能力丧失信心。

此外，还有部分中职生在择业时存在从众心理，没有认真分析自身条件、专业水平、家庭状况、社会需求等，忽视了自身和别人的个体差异，盲目跟风，到头来一事无成。

面对日益严峻的就业形势，他们或担心找不到好工作，或担心不能适应企业的作息时间、工作强度、生活条件，有的则不想离开家长的庇护独立承担责任……这些焦虑情绪如果不能很好地处理，将会导致学生因就业目标不清而在工作后频繁跳槽，影响学生的长远发展。对中职生进行科学的就业辅导，可以有效地帮助中职学生正确把握自己，克服心理焦虑，树立正确的职业观，为以后顺利就业打下基础。

三 干预措施

1. 班主任如何指导学生进行职业生涯规划？

职业生涯规划也叫职业规划，是对职业生涯乃至人生进行持续、系统计划的过程。职业规划是一个动态变化的过程，会随着个体价值观、家庭环境、工作环境和社会环境的变化而变化。一般来讲，人生有四个职业发展阶段：探索阶段，15～24岁之间；确立阶段，24～44岁之间；维持阶段，45～65岁；下降阶段，66岁以后。处在不同职业发展阶段的人，应考虑不同的事情。

中职生正处在职业规划的第一阶段——探索阶段。作为班主任，可采取职业规划时常用的“5W”思考模式（见拓展资料5），给出以下四个问题让学生考虑，引导学生对自己的生涯进行初步规划。

我是谁。请学生对自己进行一次深刻的反思，从性格特点、兴趣爱好、具备的技能或能力、价值观等方面对自己做一个全面的分析，把自己的优点和缺点都一一列出来。

我想干什么。对自己未来三年或五年的职业目标和职业兴趣做一个简单的规划。

我能干什么。根据顶岗实习以来的工作，对自己的能力与潜力进行一次全面总结。可以从自己对事的兴趣、做事的韧劲、面临突发事件的判断力及知识结构是否全面、是否及时更新等来进行总结。

环境支持或允许我干什么。建议学生从主客观两个方面分析。客观方面分析地域的各种状态，如经济发展、人事政策、企业制度、升职空间等；主观方面分析以后将要面对的同事关系、领导态度、亲戚关系等。

明晰四个问题，有助于学生从各个问题中找到对实现有关职业目标有利和不利的条件，那么第五个问题——“自己最终的职业目标是什么”，就有了一个清楚明了的框架。四个问题简单明晰，相信会对学生的就业选择冲突有所帮助。

2. 中职学校如何对学生进行职业指导?

建立就业指导服务体系。就业指导并不限于学生毕业前进行，而要贯穿于学生职校生活的全过程。学校的职业指导工作应从源头抓起，建立从入学到毕业的全程就业指导服务体系，详细制定各年级学生的职业指导方案，对各年级学生职业指导的内容应有所侧重。例如，低年级侧重让学生树立正确的职业观念，初步制定职业规划，可以采用讲座的形式；高年级及毕业班要开设就业指导课，侧重就业技巧、就业心态等方面的指导，在必要的情况下，还可请本校的优秀毕业生、企事业单位的人力资源部门负责人对毕业生再次进行就业指导。

做好学生实习前的心理指导。顶岗实习是职业学校学生职业生涯的开始，如果学生对实习工作缺乏正确的认识，实习过程中就很容易出现浮躁、迷茫甚至逃避实习等现象，所以做好学生顶岗实习前的心理指导，让学生在出发前就对实习工作的目的及对个人成长的意义有一个清醒的认识，对实习过程中将面临的困难有足够的预见，从而自觉确立实习目标，在实习过程中注重对自己职业能力和职业素养的提升，为将来的就业做好各项准备。

做好学生顶岗实习期间的指导工作：学生虽然经过两年半的在校学习，获得了必备的岗位知识与技能，但参加顶岗实习后，身份、环境都发生了变化，不仅要严格遵守单位的规章制度，还要迅速担负起员工的责任与义务，这让不少学生较难适应。另外，学生因年龄尚小，意志力还不够坚定，实习过程中遇到问题时缺乏相应的解决策略，还需要“扶上马，送一程”。因此学校应安排班主任或有经验的教师全程跟踪，做好学生实习过程中的指导工作，协助学生处理好实习过程中出现的心理困扰，尽最大的可能帮助学生做好入职前的各项准备。

拓展资料 5

“5W”思考模式

“5W”思考模式是职业生涯规划中常用的思考模式。具体来说就是要解决职业生涯规划的五个具体问题，回答了这五个问题，找到它们的最高共同点，就有了自己的职业生涯规划。

1. Who are you？你是谁？

是指对自己进行深刻的反思，充分了解自己的优点，对自己有一个全面、客观、清醒的认识。

2. What do you want？你想干什么？

是指自己要清楚地知道想要什么样的职业和什么样的生活。

3. What can you do？你能干什么？

是指要清楚自己能干什么或哪些方面可能有发展的潜力。

4. What can support you？环境支持或允许你干什么？

主要是指周围环境资源的支持，这种支持将有助于你的自我发展。

5. What you can be in the end？你最终的职业目标是什么？

是确立自己的最终职业目标。当然，对这个问题的回答是建立在前四个问题的基础之上的。

第四篇

自我认知

自我认知，是指对自己的洞察和理解，包括自我观察和自我评价。自我观察是人们认识世界的起点，在自我评价的基础上悦纳自我，是人们与外部世界和谐相处的基础。本篇以接纳自我体像、完成性别认同、形成自我同一性、肯定自我价值等内容的案例分析为主线，引导教师帮助学生正确自我认知。

01 臭的烦恼

—— 青少年体像烦恼的干预措施

一 案例描述

小天，一个长相乖巧、身材瘦小的女孩，入学时状态很好，积极参与班级活动，与同学热情交往，可是没多久整个人的状态一落千丈。

原来，小天有狐臭，尤其在出汗时体味特别重。小天为此非常烦恼，多次去医院，医生说这是青春期的常见现象，用药就会好转。小天总是随身携带一瓶香水，时不时拿出来喷，说是遮遮味，其实靠近小天，会闻到淡淡的香水味，根本没什么臭味，只是有些同学背后对此有些议论。

小天听到后特别受打击，原本想进入新的学校，有新的开始，没想到仍有议论、嘲笑和贬低，这些背后的议论一下子激起了她所有以前受到冷遇和压抑的委屈，让她跌入了情绪的低谷。小天认为大家都讨厌她，所有人都嫌弃她的臭味，从听到议论之后就很少参加集体活动，非常害怕处在人群中，做什么事情都独来独往，即使单独一个人走路，遇到对面有人过来，她都会主动避开。她觉得大家在用异样的眼光看着她，都在嫌弃她有臭味，说她“心机、虚伪、自私”。

小天的成绩直线下降，班主任和家长都很着急，找小天谈了多次，劝她放轻松一些，好好学习，可是没有什么效果。班主任还故作轻松地和她开玩笑，说“我身上也有汗臭味，没事的，不要老想着它，多做些别的事情。”可是小天一点也不觉得轻松，当说起这事时，就会气喘、说不上话来，气管堵得厉害，遭受着深深的痛苦，她时常想：“为什么就我这么臭？！还不如死了呢！”

二 案例分析

青少年正处于生理与心理发生巨大变化的阶段，通常很关注自己的容貌、体形、第二性征等方面的细微变化，往往因为对身体、相貌不满而产生困惑、烦恼和自卑，这种个体由于对自我体像失望所引起的心理烦恼就是体像烦恼，案例中小天的情况就属于典型的体像烦恼。

青少年的体像心理状态一般可以分为以下三种类型。

第一，正常的体像心理。进入青春期以后，男生爱照镜子、喜欢穿时尚炫酷的衣服，女生喜欢化妆、认为自己胖而适当减肥节食等，这些都属于正常的体像心理。爱美之心人皆有之，更何况豆蔻年华的少男少女。我们不仅要充分理解还要正确引导青少年对美的追求，引导他们悦纳自己的身体，避免冠之“臭美”“不务正业”“肤浅”等消极评价。

第二，体像烦恼。这是一种由于个体自我审美观或审美能力偏差导致自我体像失望而引起的心理烦恼，如认为自己眼睛小去割双眼皮、不化妆不出门、因为长青春痘不和别人说话、认为自己体毛重夏天不穿短袖衣服……一般来说，形体烦恼、性别烦恼、容貌烦恼和性器官烦恼在青少年中的发生率比较高，对这种情况我们要积极关注。体像已经成为影响学生正常生活学习的重要因素，如果通过一般性谈话无法帮助学生解决，就需要心理专业资源介入。

第三，体像障碍。体像障碍是指个体想象客观上不存在的体貌缺陷，并为之痛苦而无法自拔，影响到正常的生活和学习。体像障碍一般可见于多种精神疾病与躯体疾病，其病因和病理较复杂，与器质性和精神性因素都有关系，需进行专业的治疗。

三 干预措施

1. 如何帮助有体像烦恼的学生?

专业心理评估，对应采取措施。案例中的小天，觉得所有人都议论她、嫌弃她，害怕交往，远离人群，情绪低落等，还伴随着气喘等生理症状出现，已接近变形心理冲突，应组织心理教师或学校心理评估小组，对小天进行心理评估，如果问题超出了心理辅导的范畴，就转介到专业心理医疗机构进行诊断，根据其严重程度来确定心理危机级别和相应的干预措施。如果心理医院诊断为神经症，则根据医嘱住院或服药治疗，可以同时辅助心理咨询或辅导；如果问题属于正常心理冲突范围，可进行学校心理辅导，帮助学生提高自信，悦纳自我。

提供展示平台，培养其自信心。体像烦恼是对自己身体的不接纳，是缺乏自我认同的表现，外界的肯定和接纳可以提升其自尊感。这些孩子非常渴望得到周围人的认可，渴望自己表现优异，融入集体生活中，所以，班主任老师在选择班干部及参加活动的人选时，尝试给他们一些机会和平台，锻炼其能力，展示其才艺，让其在身体以外的其他方面获得认同感，从而提高自尊水平，促进其对身体的接纳。

焦点解决问句，促进接纳身体。利用焦点解决短期治疗的提问方法，对学生进行“三步问”辅导，促进学生对自己身体接纳水平的反思。第一问：奇迹问句。可以问学生“如果有一个奇迹发生，或者有一个魔法棒，可以变成你想成为的身材和长相，你想变成什么样子？”借此让学生描绘对于体像的理想愿景。第二问：量尺问句。可以问学生“如果对自己身材和长相的满意度最高分是10，最低分是1，你目前对自己的外貌满意度是几分？”通过学生的回答粗略评估学生对身体的接纳程度。第三问：任务问句。最后问学生一个回归现实、促进行动的问题：“怎么做可以让自己对外貌的满意度提高1分？”在这个问题中为什么是提高1分，而不是提高到10分呢？因为身材和长相很大一部分的决定因素是遗传，是无法通过外在努力而改变的，而且一般情况下人往往对自己的身体有理想化的期待，所以提高到10分往往会引起挫败感和无能感，觉得这是不可能实现的。如果是提高1分的话，是可以通过锻炼、注意饮食、学习着装等方式达到的。这个问句可以促进学生对自己身体管理的意识和行动，这种自主感和控制感会大大提升学生积极向上的心理动力。

2. 如何在班级中开展体像烦恼问题的干预?

心理班会，角色互换。在班会上多组织一些增强同学之间相互接纳的活动，如心理剧，以体像烦恼为主题，让学生们自编自导自演，在角色互换中体会不同人物的心理活动，感同身受；或者以“今天我来露露怯”为题，让每个人说一说发生在自己身上最糗的事，老师和全班同学都参加，在笑声中让学生们找到心理平衡，当有体像烦恼的学生发现原来大家或多或少都有类似的感觉时，那种体像自卑感就会大大降低。

发动班委，重点关照。让班干部对小天这样的同学重点关照，跟他们打成一片，平时多找他们一起吃饭、聊天、玩耍，通过班干部的引领逐步扩大他们的人际交往圈，如果班级里有人恶意玩笑，班干部要及时制止，防止错误舆论蔓延。

根据性别差异，开展体像教育。研究表明，体像烦恼对心理的影响存在着性别特点。女孩的形体烦恼、性别烦恼、容貌烦恼比男孩更明显、更普遍，而男孩的性器官烦恼发生率要高于女孩，这就要求有针对性地开展体像教育，引导学生树立正确的审美观，正确认识青春期的自我体像，接纳自我体像。

3. 班主任是否与家长沟通?

是否与学生家长沟通，要视情况的严重程度而定。学生有体像烦恼，采取个体辅导、班级干预等措施后，其冲突水平降低到正常范畴，即学生的情绪稳定，不影响正常生活学习，思维认知正常，能够自我调整，就不必通知家长；如果超出这个范畴，就要和家长沟通，让家长及时了解孩子的心理活动，同时取得家长的信任和支持；如果发展到体像障碍的程度，务必建议家长带孩子去看心理医生。

02 Ta是男孩？女孩？

—— 对性别认同苦恼的干预措施

一 案例描述

“李老师，你们班的小东长得特别好看，说话声音也细，我一直以为是女生，可是，今天发现他站在男生队里，他到底是男生还是女生？”

小东，一个皮肤白皙、眼睛大大的男孩，微胖的身材使他看上去胸部好像发育了，由于变声晚，小东一直保持着女生的尖尖嗓，喜欢嗲声嗲气地说话，走路甩着手，屁股一扭一扭的，女生看到都会嘻嘻笑个不停，有的同学还会模仿他说话。

初中时，小东因为不敢一个人睡，每天晚上都要和妈妈睡在一个房间，跟妈妈拉着手聊天，小东和妈妈关系特别好，不愿意爸爸管他。从小到大，小东跑步没有超过 400 米，至今连自行车都不会骑。

小东经常和女生一起玩、一起吃饭、一起拉手，女生把他当作女生，男生把他当作另类。一天，十几个男生匿名写了一封反映信投到了校长信箱，称小东是人妖，希望学校开除他。

李老师知道这个情况后很着急，但却不知道该如何解决。前几天他刚刚和小东谈过，询问小东是不是喜欢女生？小东说他从小就喜欢和女生一起玩，男生太闹而且粗野，小学五年级的时候，他发现自己的身体有些变化，女生不愿意和他玩了，男生又不接纳他，还嘲笑、欺负他。他讨厌男生，喜欢女生细腻的性格和漂亮的衣服，可是自己又是一个男生，有时候也觉得自己是异类，内心有很多冲突，活着很痛苦。听完小东的叙述，李老师隐约感觉到这其中有问题，可是该如何解决呢？又该如何引导班级同学正确对待小东呢？小东又要如何在班级中立足呢？李老师陷入了沉思。

二 案例分析

当孩子进入青春期后，身体开始发生变化，第二性征逐渐明显，尤其是男孩遗精，女孩初潮，这些身体的感受和秘密，激发起青少年对性、性别、性别角色的思考和探索。

如果在 3 ～ 6 岁这个性别认同的关键期，得到了父母对其外形和角色的正确认同和引导，在青春期就会很顺利地完成性别角色认同的过程。如果一个女孩成长在重男轻女的环境下，她就会拼命地证明自己不比男生差，讨厌女性身份，行为和心理会更加倾向于男性，性别认同可能会出现混乱。如果男孩缺少了父亲的认同，就会比较女性化，内心敏感、柔弱，心理趋同女性，长大后会渴望强壮、勇敢的人保护，这些为长大后的自我认同埋下了隐患。

在我们身边，有着这样一群人，在心理上无法认同生理上的性别，坚信自己属于另一种性别，因父母给予的生理性别而感到困扰与烦恼，因此患上抑郁症，甚至自我伤害，有的为此不惜服药、手术，这部分人被称为“跨性别者”，他们的性别认同，与出生时的指定性别有所差异。

案例中的小东出现了性别认同的困惑，对于正处于青春期发展阶段的青少年不要轻易下障碍的定论，要遵循发展性原则，去诊断化、去病理化。其实，生活中有很多的“假小子”“娘娘腔”，男孩长得俊美俏丽，极其注重外表，说话甜腻腻，翘着兰花指；女生头发特别短，爱穿男生的T恤和短裤，说话粗声粗气，从不穿裙子，但他们正常生活，快乐交往，自我悦纳，这都属于正常现象。但如果其产生了强烈的内心冲突，适应不良，就需要干预。国际上对能构成心理障碍的一般认为须满足如下六个标准中的至少一项：痛苦（当事者需要本身经历和感受到的痛苦或不适）、适应不良行为（如酗酒、自残等）、违反社会规范、社交不适（一般认为是不适宜或会带来他人不适的行为）、非理性和不可预测性、危害性（危害性可以是对当事者本人的，也可以是对他人存在的潜在危害）。如果学生出现了以上的任一种情况，就需要重点观察和干预了。

三 干预措施

1. 遇到在性别认同方面有苦恼的学生，班主任能够做些什么？

侧面了解情况，科学合理沟通。当班主任发现有男孩女性化或女孩男性化的学生时，不要过于着急，贸然找学生谈话，或者在谈话中加入自己的预设，避免否定说法——“你不能像个女孩子一样，总是和女生玩”，避免简单建议——“男孩要像个男孩样儿”，否则会造成当事人的防御和抵触。班主任可以先找和小东关系好的同学了解情况，然后择机再找小东单独谈话。谈话采用焦点解决短期治疗提问方法的“关系问句”：“如果你的妈妈在这里，你如何表现，会让她认为你更像个男子汉？”“如果我问你的好朋友，他对你的处境会提出什么建议？”“如果班里的女生在这里，她们会希望你有些什么变化？”“如果班里的男生在这里，他们看到你有什么不同了，就不会找你麻烦了？”通过探问当事人生活中重要他人对他的观点、期待及对当事人的肯定与鼓励，激发当事人思考自己与别人想要的不同，进而反思解决之道。

创造各种机会，加强同性接触。以本案例为例，班主任可以让小东在班级负责一些班级里具体细致的工作，如生活委员、卫生委员、负责办理胸卡、组织班级篮球队或足球队等，增加他和其他男生接触的机会，让他耳濡目染地感知男孩的语言和行为。

转介心理辅导，准确判断评估。如果班主任和学生谈话几次后都没有效果，可以建议该生先到学校心理辅导室寻求帮助，由学校心理老师了解他的心理活动，判断他对自己的性别角色是混乱还是单纯地模仿、吸引异性的关注。如果确定是性别角色混乱，可以转介给专业的心理医生就诊。

全情接纳学生，绝不另眼相待。孩子出现性别角色混乱，与其家庭教养方式有很大的关系，不能一味地怪罪、指责孩子，所以班主任不要歧视，也不要试图强行改变这样的学生，而是从内心真正接受学生的真实性取向，无论学生成年后做出什么样的决定，都真诚地祝福他，祝福他成为一个独立的生命。

2. 班主任在班级中如何引导其他学生接受性别角色混乱的学生？

青春期处于性别角色探索的时期，有些男生心思细腻敏感像女生，有些女生大大咧咧像男生，都不是问题，问题是被不断放大，周围的人抱着好奇的心态去打量、议论他们的一切，这无形中变成了一种伤害，容易导致当事人的社会适应不良。班主任除了要进行个别辅导之外，还要进行团体辅导，营造良好的人际交往环境。

减少负面强化，加强积极关注。班主任要找班里和小东关系好的女生谈话，告诉她们不要太关注小东的女性言行，在小东“娘娘腔”的时候，不要嘲笑和模仿，不要给他负面强化，当小东为班级争光，表现出极强的责任心和勇气的时候，要给予大大的赞美和认可；找班上刻意排斥和孤立小东的男同学谈话，告诉他们老师已经关注这件事情，希望他们给同学多一些理解和包容。

聚焦性别主题，举办心理活动。在班级里组织心理活动“猜猜他是谁？”将全班每个同学的名字做成一张名片，女生和男生的名片分别放在两个纸盒里，然后，男生抽女生的名片，女生抽男生的名片，同时展示出对方的一个标志性动作或一句话，让大家猜猜这个人是谁。活动的目的：一是了解异性的不同，二是看看男生（女生）是怎么学女生（男生）的，三是加强自己对性别角色的认同。

鼓励广泛交往，建立性别认同。中职生到了青春期，由于生理、心理的剧烈变化，他们常常对老师及家长等权威提出挑战。这时，老师不能过分地限制孩子，要让孩子在与同性的广泛交往中获得角色意识和性别认同；同时，也不能过分地限制孩子与异性的交往，因为他（她）必须在异性那里对自己的性别角色进行验证——他（她）是不是异性心目中合格的男生（女生）？如果得到了满意的回答，则其性别角色将逐渐确认下来；如果不满意，他（她）可以及时修正。

3. 面对孩子出现性别角色混乱的情况，班主任如何和家长沟通？

观察家长表现，适度反映情况。影响性别角色认同的因素，除了生物因素之外，还有社会因素，包括家庭影响、媒体影响、教育影响、同龄人团体的影响等。所以，班主任在和家长沟通时，先要了解孩子的早年成长经历和家长的教育方式，再将自己观察到的孩子的表现反馈给家长。如果家长表现得较为抗拒，老师要给家长一些时间，允许家长一时接受不了事实，再统一双方的目标：不是把孩子当作病人看待，而是帮助孩子在青春期明确自己真正的性别角色。如果家长表现淡漠，或许其早已心中有数，班主任只要如实反映情况，尊重家长的决定即可。

和学生的同性父 / 母谈话。因为孩子对自己性别角色是认同还是混乱，取决于他的同性父 / 母在成长环境中的影响力的多少，所以如果学生是男孩女性化，建议班主任和该生的父亲多谈话，父亲教会儿子的男性担当和力量；如果学生是女孩男性化，建议班主任和该生的母亲多谈话，母亲教会女儿的女性善解人意和温柔贤淑。

4. 为了引导青少年的性别角色认同，学校要如何预防和干预？

开展青春期性别教育。邀请校外专家或本校教师，组织“青春更自信，我就是女生 / 男生”的青春自信大讲堂活动。无论是男孩还是女孩，都应在发挥自己“性别”优势的基础上，注意向异性学习。现在提倡的“中性化”是要综合男性和女性的优点，兼收并蓄，而不是要将男孩女性化和女孩男性化。来自农村地区的学生更要加强青春期的性别教育，只有学生们接受了科学的、正规的青春期生理卫生教育，才能真正做到有备无患、有条不紊。

03 撕掉“老好人”的标签

——讨好型沟通模式的干预措施

一 案例描述

期末考试开始了，同学们都在紧张认真地答题。监考的关老师突然看见坐在倒数第三排的女生洋洋手里攥着一张纸条往后桌放，关老师没收纸条后发现上面写着这次考试主观题的答案。关老师当即停止了洋洋的考试，把她送到学生处进行询问。洋洋意识到了事情的严重性，如实叙述了原委，原来纸条是洋洋的前桌小丫让她帮忙传的。老师问洋洋，明知道考试作弊不对，为什么还要这样做？洋洋说："老师，我习惯了，别人让我做什么，我都会答应的。"

洋洋一直是班里出了名的老好人。周末放学，洋洋收拾好书包，正准备回家的时候，耳边传来同桌的声音："亲爱的，我爸爸来接我了，麻烦你帮我把垃圾倒下。""呃……好吧。"尽管洋洋想说"我妈妈也在门口等着我"。有一次室友生病，洋洋帮她打了三天的热水，之后好像帮室友打水变成了理所当然的事情。"亲，我急着赶作业，可以帮我打下水吗？"尽管洋洋正在生理期，肚子痛得厉害，也希望有人帮自己打热水，可还是习惯性地答应下来，因为室友顺口说了句："我就知道你是个大好人。"

洋洋回到宿舍后，想到小丫可能会怪罪自己出卖了她，想到同学们可能会白眼待她，想到今后还要帮同学做数不清的烦心事……她既痛苦委屈又害怕无助，走到窗口，打开窗户，心想跳下去吧，一了百了。脚刚迈到窗台上，正好舍友回来拽下了她，避免了一场恶性事件的爆发。

二 案例分析

洋洋的行为属于讨好型沟通模式，即俗称的"老好人"，他们以牺牲自我价值为代价，意图通过讨好的方式获得好的亲密关系。世界知名的心理治疗师和家庭治疗师，也是美国家庭治疗发展史最重要的人物维琴尼亚·萨提亚指出，人在压力状态下有指责型、讨好型、超理智型和打岔型等四种不良的沟通模式，其中讨好型沟通模式最为常见。讨好型的人心中只有他人和环境，没有自己，内在价值感比较低，害怕说出自己内心的想法，喜欢主动道歉，喜欢迎合他人，不懂得拒绝，没有原则和底线。例如，朋友让他请客吃大餐，即使他没有钱，也会借钱请朋友吃饭；有人要他帮忙时，他总会说“好的，没问题”；朋友不开心了，他总会说“这都是我的错”……行为上过度和善，习惯于一味迎合、取悦他人，但并不能得到他人的尊重，相反获得的是不平等的关系和强烈的心理冲突。

人们并非生来就会沟通，沟通往往是学习、模仿他人的结果。讨好型沟通模式主要是受原生家庭的影响，把在父母亲和亲人身上感受的价值观、规则、角色和沟通姿态，逐步内化为自己习惯的沟通模式。案例中的洋洋正是因为在家庭生活中过多地运用讨好型沟通模式与父母交往，所以当同学向她提出要求时，她才会习惯性地接受，而不是依据对方请求是否合理而选择应对方式。较为严重的讨好型沟通模式会影响人格的自我独立，甚至会导致抑郁、焦虑，因此，教师有必要关注并积极干预青少年时期的过度利他心理。

三 干预策略

1. 班主任得知学生曾经有过跳楼的想法后，要怎么处理?

马上找该生单独沟通。问问学生事情的经过，听听他的解释、委屈和愤怒，了解他家庭的情况，表达老师对他的关心和信任。再从资源取向的角度告诉他：“你现在可能特别担心老师会怎么看你，同学们会怎么看你，其实同学们更关心的是自己的事情，谁也不会总是盯着别人在做什么，老师还是会像以前一样对待你。你为同学们做了那么多的事情，在班里的好人缘，大家都会记得的。”如果班主任觉得没有足够的能力处理，就要推荐给学校心理教师，由学校心理教师决定是否做长程心理辅导，或及时转介校外机构。

2. 班主任如何帮助讨好型沟通模式的学生培植真自我?

寻找例外，找到成功。即使是看上去完全受困于重重问题之中的学生，也有过没有问题或忧虑的经验，抑或经历过不那么糟糕的生活。班主任可以引导学生澄清问题不存在或不那么严重时的具体时间、情境与条件，问问学生：“有没有你在做某件事时，有人请你帮忙，你因为忙而回答不？”对于谁、什么、什么时候、什么地方等细节进行分析，最重要的是对这些细节如何导致这一例外的发生进行分析。之后还可以提出一系列这样的问题：“你是如何让它发生的？”“那时与现在有什么不同？”“你做了哪些不同的事情？”“如何让更多那样的事情发生？”

如果学生说这些例外只是侥幸而已或偶然事件，班主任一定要强调例外是学生自身深思熟虑的行为结果，相信在他的能力范围内是可以产生例外的，鼓励学生相信类似的深思熟虑的行为可以产生同样的结果。如果学生无法确定问题并不存在的时候，可以帮助他们聚焦那些“问题不那么严重”或“不那么糟糕的时刻”。

找到例外，就像挖到金矿一样，这些例外一旦得到理解，将为学生提供一幅蓝图。遵照这一蓝图，将帮助学生走近自己的目标，解决当前面临的问题。

建立健康的个人边界。个人边界是指个人所创造的准则、规定或限度，以此来分辨什么是合理的、安全的，别人如何对待自己是可以被允许的以及当别人越过这些界线时自己该如何应对。健康的个人边界是对自己的情绪和行为负责，并且不对他人的情绪和行为负责。为讨好别人，而放弃自己的价值观或权力，就属于不健康的个人边界。这就需要班主任帮助学生来澄清。

首先，明确自己有建立个人边界的权利。班主任要告诉学生：自身的感受比别人的需求与感受更重要，在学习和生活中要设定自己的边界，不是什么事情都要答应别人，不去做那些损害自己利益，浪费自己时间，对自己成长没有帮助的事情；讨好别人而放弃自己的边界，并不会赢得对方的喜欢和尊重，只会降低你在对方心目中的价值；在成年人的社交关系中，对方如何看待你、如何对待你，本质上取决于你的个人价值。

其次，明确自己有说“不”的权利。拒绝是每个人的权利，当别人触碰了自己的边界时，可以大声说“不”，坚信自己的力量，表达自己的意见，拒绝能够让对方了解你的底线、原则和做事风格，会促进彼此的尊重。

3. 班主任如何与讨好型沟通模式的学生家长沟通?

促成家长的理解与改变。一般来说，讨好型沟通模式缘于幼年时期原生家庭缺失的爱、漠视或暴力，所以总想将自己的命运和别人绑在一块，没有边界，别人涉于自己的生活也毫无知觉。所以，班主任在和这种类型的家长沟通时，务必要提醒家长不要在言语上羞辱和责备孩子，不要把自己生活中的不满和成长过程中的负面能量，不自觉地通过抱怨、指责及对孩子不切实际的要求等发泄、重压在孩子身上，帮助家长了解孩子的苦衷和讨好型交往模式的优缺点。在今后的家庭生活中，家长要管理好自己的情绪，调整好自己的心态，改变孩子从改变自己做起，做一个能不断学习、主动反思、读懂孩子的家长。多给孩子自己做选择的机会，多给孩子创造锻炼自己的机会，多鼓励孩子表达自己的想法，多关注孩子的内心世界。不求彻底改变孩子的讨好型沟通模式，只求讨好型沟通模式不干扰孩子的正常生活即可。

4. 班主任如何引导全班学生学会恰当地拒绝别人？

中职生群体容易自我价值感较低，更容易出现讨好型沟通模式，这就需要班主任教给学生说“不”的技能，打破下意识说“行”的习惯。班主任可以“优雅说不”为题，组织系列心理班会，通过设置场景、角色扮演等方式，启发学生思考何时拒绝、怎么拒绝，让学生掌握如下具体说“不”的方法：

第一，采用“我信息”沟通方式。即说话时以“我”开头，告诉对方“我还有事要做”“我现在也很累”……

第二，拖延时间，不要立刻答复。例如：“我现在不能确定我行不行，晚点再给你答复好吗？”从而打破自己无法拒绝别人的恶性循环，也能为自己争取思考和做出正确选择的时间。

第三，以“破唱片法”应对。如果对方软磨硬泡，坚持让你立刻答复，你可以尽量准确地复述所感受到的对方情绪，例如“我知道你现在很着急”，让对方明白你听清了他的诉求，然后你可以像一张破唱片一般重复你拖延时间的措辞——“但我现在真不确定，晚点我一定给你答复”。

第四，利用“折中方案”说“不”。例如，朋友借你的文具，但是他总是不还，这次他又来借你的文具，那么你的折中方案可以是：“我可以借给你，不过你要把你最喜欢的一本书借给我做抵押。”

04 追星不如塑星

——理想我与现实我冲突的干预措施

一 案例描述

露露喜欢文学，颇有文艺范儿，从小到大语文成绩比较好，进入职校后，对现状特别不满，感到前途迷茫，文学梦也破灭了。在看电视节目《奔跑吧兄弟》时，被 Angelababy（杨颖）的时尚外表和自信开朗的性格所吸引，露露也想成为 Angelababy 那样的人，在文具、书本、课桌和房间里到处贴着偶像的照片，穿和偶像一样的衣服，留和偶像一样的发型，下载偶像主演的影视剧，模仿学习偶像的样子，甚至在胳膊上刻下偶像的名字以明志，梦想有朝一日也能成为明星，无心上课，天天减肥塑身、描眉画眼、唱歌跳舞，一心想着参加海选踏上成为明星的星光大道。

最近，露露在网络上看到有网友发表反对偶像的言论，她非常生气，召集同学一起与那个网友对骂，对方也不甘示弱，用更难听的语言侮辱偶像，露露觉得受辱，激动地表示："你侮辱我偶像，我就割腕。"谁知对方嚣张地说："有本事你就割一个给大家看看！"露露脑袋一热，当场用小刀割了手腕，并把割腕照发到了网上，一时间粉丝疯狂刷屏……

父母被露露的行为吓坏了，劝她不要这样伤害自己，要脚踏实地好好学习，可露露根本听不进去，她觉得偶像就是自己的一切，为了她，自己什么都愿意做。父母听了气得要打露露，亲子关系非常紧张。

班主任担心露露会再次伤害自己，又担心其他同学受到影响，想找露露及其父母谈谈，却不知该如何说起。

二 案例分析

露露的行为就是人们常说的追星，即粉丝对明星的崇拜行为。可以说，每个人从出生起就没停止过追星。学前儿童崇拜的对象是父母，父母在孩子眼里无所不能；小学生随着人际关系的扩展，开始寻找父母以外的崇拜对象，也许是老师、亲戚、身边小伙伴，还可能是动画片、故事中的人物形象等，这种崇拜一般注意力较为分散，还没有固定到对特定一个人的着迷；进入青春期的少男少女感情丰富，有能力捕捉远离身边的人物，建立情感链接，完成个体的独立和发展，他们对某个特定明星追捧的情况就较为常见，房间里贴上明星海报，收集偶像的各类同款，参加偶像“粉丝会”的线上线下活动……这些行为表现并不稀奇，这表明青少年不再把自己的目光局限在父母身上，而是开始开拓自己的内心版图，人格也开始走向进一步的独立。

弗洛伊德曾经指出，偶像崇拜的核心是价值认同，而追星正是偶像崇拜的同义词，是合理的和必要的，是成长的需求和过渡。但追星要有度，要有理智的把控。露露将偶像视为自己的一切，将追星视同自己的生命，分不清现实中的自己和偶像是两个人，偶像受辱如自己受辱，进而出现自残行为，理智的自控力降低，陷入了盲目追星、疯狂追星的泥淖而不能自拔。导致露露过度追星的一个重要原因就是理想我和现实我的冲突。

理想我是指我希望自己是个怎样的人，现实我是指目前的现实生活中个体的真实情况。每个人都有理想我和现实我，在个体成长的过程中，理想我与现实我在不断地整合统一，有五种关系形式。

第一种是理想我与现实我和谐统一，形成自我肯定。理想我既符合社会期望，又切合自身实际情况，现实我经过不断提升努力，最终与理想我达到统一，从而更加自信。

第二种是理想我过高，现实我又不愿意努力，产生强烈冲突，形成自我矛盾。在我们身边常会遇到这样的学生，想获得更好的成绩，可是又不愿意埋头苦读，学习效率极低。

第三种是现实我的评价过低，自己无法改变，从而放弃理想我，埋没了自己的能力，形成自我否定。例如，一些成绩还行的学生，觉得自己很糟糕，什么都不会，渐渐放弃努力，结果越来越差。

第四种是对现实我评估过高或虚假判断，形成错误的、不切实际的理想我，并认为理想我可以轻松实现，形成自我扩张。这种类型的学生往往盲目乐观，自以为是，容易引起别人的反感和不满，极易遭受失败和内心冲突，产生严重的情感挫伤。

第五种是对现实我非常不满，理想我又缺失，进而自我排斥，形成自我萎缩。出现自轻、自贱、自责等严重的不良心理，尤其是面对重大生活事件时，常常会产生过激行为，酿成悲剧。

本案例中的露露属于第四和第五种情况，对现实我非常不满，感到理想破灭，继而将偶像作为理想我，将自己与偶像成为一体，可以像偶像一样获得成功，同时对现实的自己评估过高，不切实际地认为只要减肥塑身和唱歌跳舞就能成为明星，幻想通过海选走上捷径，这都是自我扩张的表现。追星无可厚非，关键是要避免自我认识偏差，要学会如何与偶像相处，如何立足现实，通过偶像获得努力方向和动力，实现理想我与现实我的整合统一。

三 干预措施

1. 遇到因追星导致自残的情况，班主任要如何处理？

关注身体健康，报告上级部门，寻求专业帮助。班主任要在第一时间送学生到医务室进行伤口处理，并向学校主管主任、校长等报备，由校医根据学生伤情决定是否送外就医，在领导的指导下与学生家长取得联系。待学生伤愈后，班主任征得主管领导的支持，由心理老师对学生的心理状况做出初步评估，若属于一般性心理问题，心理老师可为其做长期心理辅导；若需由心理医生进一步诊断，则必须及时与学生家长沟通，转介相关医院。

2. 如何辅导疯狂追星的学生？

青少年追星本质上是在寻求新的精神寄托和体验，是不断重塑自我人格的表现。研究表明，大多数追星都是从十一岁开始，十二三岁比较明显，到十六岁以后开始消退。因为这个时期的青少年处于理想我与现实我的矛盾之中，通常被无意义感困扰，追星帮他们找到了生活的方向和意义。一般来说，追星并不会妨碍青少年的成长，反而会在偶像激励作用下积极生活。追星会随着年龄段而淡化或得到升华，只要在现实层面，通过学校学习、交往等得到社会认同和自我认同，其追星欲望便会减弱，过度追星的行为就不会发生。如果遇到疯狂追星行为，可采用以下方法进行辅导。

了解学生追星背后的深层次原因。学生出现追星现象，其实是给老师和父母提供了一个了解他的机会，可以通过学生所追的明星去了解其内心的需要和渴求。青少年阶段正处于自我认同感建立的关键期，良好的自我认同感令人心生自在安宁之感，能使人拥有清晰的自我形象、准确的自我定位及合理的内在价值。崇拜其实就是寻求自我认同的过程，其突出特点是重点欣赏偶像人物的人格性和气质性特征，从中获取最大的精神享受。追星者所崇拜的偶像一般都是自己在某些方面欠缺或渴望达到的，老师和家长千万不能诋毁他所崇拜的明星，可以不喜欢不欣赏，但一定要尊重，站在学生的角度去看，不要在学生面前口无遮拦地说其偶像的坏话：“这人难看死了”“这些歌星都很肤浅，干嘛去追星，太幼稚了”，也不要空洞说教“把心思好好用在学习上，别因追星耽误学习”等，这些苦口良言往往不起作用，还易引起逆反。要很认真和学生讨论：你如此崇拜这位明星，一定有你的理由，说说看？你从什么时候开始崇拜他？偶像有哪些品质吸引你呢？他是如何获得成功的？你和明星区别在哪里？在讨论、探究、思索中逐渐把问题引向深入，了解追星的深层次原因。

引导学生从追外在形象到追内在品质。一般来说，青少年在最初的偶像崇拜时，往往会采取表层性欣赏的方式，如买海报、模仿衣着打扮等，明星的外部特征和表现是人们最直观、最初级的选择标准，这能给人带来美的享受及模仿，但却不能促进一个人的自我成长。认同偶像的内在特质，才会促进个体成长。所以老师要和学生“一起追星”，也就是了解明星奋斗成才的路程，从中挖掘利于学生成长的特征，从而把偶像所代表的精神内化为学生自我成长的动力。由此将偶像崇拜的理想化过程，变成一个由表及里，由欣赏到认同的发展过程。例如，案例中的班主任可以深入挖掘 Angelababy 以模特身份出道、凭实力获得华语电影传媒大奖的故事，和露露一起分析偶像的努力和优秀人格品质，让露露明白只追求肤浅的外表，“金玉其外，败絮其中”是难以成为明星，必须有过硬的真本领，只有通过不懈的努力才能一步步向梦想靠拢。

帮助学生和家长建立与追星的新关系。在这个案例中，如果教师硬性要求露露不要追星，可能会适得其反，露露会用更大的力量维护偶像，保持和偶像更紧密的连接。教师可以从学生和家长两方面入手，建立他们与追星这个问题的新关系。一方面，教师和露露讨论追星的好处，然后将话题聚焦在“既然追星有这些好处，为什么家长们都说不要盲目追星呢？”，引导露露反思追星的代价。另一方面，教师和家长讨论追星的糟糕影响，然后话题一转，问问家长“既然追星有这么多坏处，为什么那么多孩子还追星呢？追星对青少年有什么意义？”最后和露露及其家长，一起制作“追星使用说明书”，包括功能、使用注意事项、平时如何保养、如何维修故障等。从排斥追星到使用追星，从追星有害到追星拥有两面性，帮助学生和家长重新看待问题，重建和追星这个问题的新关系。

3. 如何预防因为追星而产生的过激行为？

活动搭平台，人人成“明星”。学生的“追星”现象，在某种意义上显示了他们对成功的向往。如果我们注意营造一种多元化的学校和班级文化，通过开展丰富多彩的活动，为他们搭建展示才华的平台，让学生们在单一的学习之余有更多的人际交往和良性互动，从而发展他们的特长，让他们体会到成功的快乐，那么“追星”就可以转化为对成功的自我激励，借以促进学生个人的心理成熟和健康发展。班主任可以发起“造星”活动，发动全班同学人人参与，根据同学的优势与特长，为班上的每一名同学命名一颗星，比如勤劳之星、纪律之星、学习之星、舞蹈之星、文明之星、节约之星、诚信之星、运动之星……

让“与其崇拜他人，不如塑造自己”的观念深入人心，从而杜绝追星而产生的过激行为，走上歧途。通过成功的体验，让学生感悟到：每个人都有属于自己的个性、自己的美丽，不必依附明星，不必借助星辉照亮自己的生命。

教师还可以从更大范围内帮助学生遴选榜样人物，如大国工匠、科技英杰、商界骄子、文学泰斗、政坛领袖等，开阔学生的眼界，引领学生的行为，从而纠正“明星崇拜”的“偏食”现象。

05 我不想做坏学生

——自我同一性失调的干预措施

一 案例描述

“石老师，快去看看吧，小若骂体育老师了。”运动会上，石老师听到消息后第一时间赶到现场。小若，平日一个柔柔弱弱的女生，怎么会骂老师呢？原来小若参加跳远比赛时，裁判老师说她犯规，她随口骂了句脏话“你就是个大××……”

石老师把小若带回教室，先冷静了一会儿。小若说：“我不是在骂老师，我是在骂自己，我不该犯这样的低级错误！我错了，我不该说脏话，我不该为班级丢脸，都怪我……”石老师听着这些话，不由联想起之前的一些事。两个月前，小若总有各种理由不交作业，不是忘带了，就是丢了，石老师找她谈话，还没等老师开口，小若就开始批评自己，说自己这不对，那不好，保证今后一定怎样，事后依然不交作业，再找她谈话，还是这个样子。

小若上小学时成绩很好，还是学校大队委，很优秀。上初中后，在高手如云的重点班，感到自己这方面不如张三，那方面不如李四，处于自卑焦虑状态，中考没考上高中，进入了职业学校。小若觉得自己跟班里其他同学不一样，他们是真正“没追求、混日子”的学生，而她是有理想、有抱负的。这种“看不起”被同学敏感地觉察到，都纷纷远离她，说她眼皮高、心气高、臭显摆。这让小若很痛苦，觉得自己人缘差，又处处讨好同学，可结果还是得不到认可和接纳，小若就更加自责，觉得自己什么都做不好，一无是处，对自己有很高的期望，结果却是深深的失望。她想成为品学兼优、出类拔萃的好学生，想得到所有人的认可和表扬，却似乎永远也得不到，成了别人口中的“坏学生”。小若陷入了深深的痛苦中，压抑的情绪如炸弹一般，随时都要爆炸。

二 案例分析

案例中的小若自我要求明确却不能付诸行动，自我期望值高却不能接纳认可自己，不喜欢周围同学却又在乎他们的评价和与他们的关系，总之，小若对自己和环境期待很高，处处不满意，想摆脱又深陷其中，处于矛盾纠结和混乱之中，是自我同一性失调的表现。

根据著名心理学家埃里克森提出的人格发展八阶段理论，青春期的主要发展任务是形成自我同一性，防止角色混乱。同一性是对自己身份的认同，对自己的认识、接受和认可，个体尝试着把与自己有关的各方面结合起来，即把需要、情感、能力、目标、价值观等特质整合为统一的人格框架，形成协调一致不同于他人的独具“统一风格”的自我，即比较稳定的人格。

12 岁至 20 岁左右的青少年时期是个体第一次有意识地思考“我是谁”的问题，这个阶段的核心冲突是“同一性和角色混乱”。例如，学生开始关注自身，对身心变化很敏感，提出并思考这样的问题“我是一个什么样的人？”“我人生的意义是什么？”“别人认为我是什么样的人？”“在他人眼中我是什么样的人？”等。

在这个寻找同一性的过程中，学生会热衷于同伴交往，参加集体活动，加入一些团体，有意做出一些选择等，通过这些方式进行自我求索，了解自己并确认自己在他人眼中的形象，确定理想我和自己的未来发展，并由此而建立起较为稳固的自我同一性，从而确定下一步进入成年的人生目标。如果这些问题被成功解答了，那么他们就得到了一种确定的认同感，理解了自己是谁，明确了自己的个人价值，并且接受和欣赏自己，会形成良好的自我同一性。

如果在这个阶段，受到外界过高的期待和太多的消极评价，没有形成良好的自我概念，缺乏对自己的认同，就会陷入角色混乱，引起同一性扩散或消极同一性发展。中职生自我同一性失调的具体表现是：一是缺乏自我认知，没有形成同一的自我意识，不能进行恰如其分的自我评价，只能接受自己的优点、长处、成功等好的方面，不能接受缺点、不足、失败等不好的方面，更不能接受别人提意见，却又在意外在评价，可能会通过讨好、顺从来获得外在认可，也可能会对外界消极评价一味地抵抗和攻击；缺乏兴趣和热情，常处于冷漠状态；缺乏理想和目标，对未来的预期处于一种不抱期待的无力状态。二是缺乏处理各种矛盾和适应环境的能力，无法适应进入中职学校的落差，对自己在新团体中的位置难以接受；对责任和选择持回避态度；无法维持正常的学习状态；自主性低，易受到外界的影响，往往会服从别人意见，甚至把决策权交给他人，回避矛盾，拖延做决定。三是缺乏对社会和环境的认知，不能从周围的环境中获取对自己有用的信息，也不愿去探索；人际关系混乱，被人孤立；对事物价值判断混乱，缺乏是非善恶的主见。

三 干预措施

1. 班主任如何辅导自我同一性失调的学生?

解释事件，澄清自我。如果遇到类似案例的情况，学生因为无法接受自己的失败而骂自己，让旁人误以为在骂教师，需要解释和澄清，通过表达自我和验证他人印象，从而确认我不是没礼貌的人，我是勇于承担责任和澄清自我的人。班主任要鼓励学生向科任教师主动表达。根据情况，班主任也可以提前在私下与科任教师交流这位学生的情况，让教师理解这种状况是学生在自我成长过程中对自己不满造成的，她现在的自我构建需要支持，期望科任教师给予肯定和支持。班主任提前做了协调工作，学生再找科任教师交流会更加顺畅，更容易获得共情和理解，强化自我求证的行为。

调整认知，接受问题。自我同一性失调的主要表现是不接受问题，不允许犯错误，所以班主任可以和该生探讨对于问题和错误的认识，拓宽看待问题的视角，增加自我认同。问题和错误是我们每个人生命中的一部分，也许你做事拖沓常误事，也许他控制不好情绪爱生气，也许她有些胆小不敢尝试等，没有人能十全十美。另外，问题和错误也有其益处，拖沓可以让人有多准备和三思的时间，爱生气的人很少有情绪的压抑，胆小是对自己的一种保护让人远离危险。有问题和错误的自己才是真实的自己，不必竭力伪装，更不必担心别人的看法，因为每个人都是在问题和错误中得到成长的，和“问题”“错误”好好相处，才能与自己和谐相处。

聚焦优势，挖掘资源。自我同一性失调的学生非常需要肯定和支持，这就需要班主任能够有具体的办法帮助他们，最有效的策略就是聚焦优势，挖掘资源。即改变以往聚焦问题的模式，变发现指出问题为发现指出优势，把关注点放在学生具有的资源上，而不是缺点和不足上。本案例中的小若有“骂自己”“撒谎”“不交作业”等行为，但她有理想、有抱负，渴望品学兼优，愿意自我反思，善于发现别人对自己的评价和看法，在乎别人的感受，希望自己的存在让所有人都满意……班主任要帮助小若发现自己的资源与优势，从更积极、更广泛的视角看待自己，对自己有更加全面客观和辩证的认识，增加自我的认同度。

2. 如何优化成长环境，促进中职生自我同一性发展？

一是优化家庭成长环境。研究发现，父母对子女过分溺爱或过分严厉，以及父母对孩子的期望不当（期望过高或没有期望），会阻碍孩子自我同一性的建立。因此，班主任要关注学生的家庭成长环境，通过家访、校园开放日、电话沟通、问卷调查等方式，了解家长对孩子的期待和交往方式。据了解，有些中职生的家长对孩子上中职感到失望和没面子，甚至采取放任自流的状态。家长的否认和低评价会影响孩子的自尊和自信。班主任要通过家长会，讲述优秀中职毕业生的案例、市场对中职生的需求等，从整体上纠正家长的不合理认识。针对个别问题严重的家庭，要单独进行访谈，帮助家长接纳、认同自己的孩子。

二是优化学校成长环境。长期以来，以“应试”为中心的教育理念和方式，更关注培养学生的知识和技能，很少引导学生进行关于自我的思考和探索，这显然不利于自我同一性的形成。而当代中职生更强调个性，不愿意受到约束，难以在集体中找到一体感和归属感，也会对自我同一性的形成产生不利影响。为此，学校要在教育教学理念上遵从多元智能理论，摈弃成绩这一单一评价的尺子，从体育、艺术、人际、劳动、品德等多方面评价，通过艺术节、体育节、读书节、社团节、美德少年、校园好声音等活动，为每位学生搭建风采展示的舞台，让每个学生都找到自己的闪光点，都获得自我认同。

3. 如何开展班级活动，促进学生悦纳自我？

学会赞美，促进接纳。引导学生从新的正向角度看问题情境，从原来批判自己“什么都没有做好”，转而发现自己是“做了一点有用的事的”，发现自身资源的存在，提高为自己负责的能力与意愿。例如，在班级中开展“赞美卡”活动，在一张卡片上，让学生每天记录一件自己所做的积极的、有价值的事，自己是如何做到的，如果实在找不到，可以找老师或同学写，坚持写 60 天。通过“赞美卡”帮助学生发现自身资源，增加对自己的认同，通过同学之间相互填写赞美卡，增加同伴之间的接纳度，促进学生自我同一性的发展。

生涯规划“独一无二的我”。自我同一性失调的关键是自我价值感不强，较高的期待和强大的落差感更容易造成自我不接纳。班主任可以设计一些增强学生自我价值感的活动，开一个主题为“独一无二的我”的主题班会。先让学生运用“自我意识的发现—— 反馈模型”（见拓展资料 6），写出自己是一个什么样的人，自己眼中的闪光点，然后小组合作，彼此写出对方的闪光点，引导每个人强化自我独特性，增强自我价值感，稳定自我同一性，最后汇聚成一个独一无二的班级。

拓展资料 6

自我意识的发现—— 反馈模型，即“乔哈里视窗理论”，是由美国心理学家乔瑟夫（Joseph）和哈里（Harry）从自我概念的角度提出的一种关于人际沟通的技巧和理论。视窗理论将人际沟通的信息比作一个窗子，它被分为 4 个窗口：第一个窗口是“公开的自己”，也就是透明真实的自我，这部分自己很了解，别人也很了解；第二个窗口是“隐藏的自己”，是自己了解但别人不了解的部分；第三个窗口是“盲目的自己”，别人看得很清楚，自己却不了解；第四个窗口是“未知的自己”，是别人和自己都不了解的潜在部分，通过一些契机可以激发出来。

	了解自己	不了解自己
他人了解	**公开的自己** 你和他人都很了解你本人	**盲目的自己** 别人很了解你，但你对自己不甚清晰
他人不了解	**隐藏的自己** 你很了解自己，但别人不了解	**未知的自己** 你和别人都不清楚的关于自己的信息

乔哈里视窗理论

第五篇

情绪情感

情绪和情感是人对客观外界事物的态度的体验，是一种主观感受。对情绪和情感的良好感知和控制，是心理健康的重要表现之一。本篇通过呈现暴躁、哀伤、强迫、抑郁等案例，分析负面情绪给学生造成的困扰和伤害，帮助教师认识情绪，倾听并接纳学生的负面情绪，引导学生学会管理情绪。

01 200 元钱引燃的怒火

——暴躁情绪的干预措施

一 案例描述

“气死老子了！”小范大吼一声，一拳砸碎了教室后门的玻璃。同学们惊愕地望过去，小范又歇斯底里地喊道：“看什么看？！你们都去死！”喊完，小范将滴滴答答流血的右手抱在怀里，痛苦地蹲了下去。循声赶来的安老师急忙帮他摁住伤口，带他到学校医务室进行消毒和包扎。在处理伤口的过程中，小范还气鼓鼓地嘟囔着：“要是让我知道是谁干的，我非弄死他不可！”

原来，小范夹在课本里的 200 元钱找不到了。对于家境贫寒的小范来说，200 元钱不是个小数目，那意味着半个月的伙食费啊。小范很着急，把所有的课本都摊在桌上翻找，却没有找到。生活委员好心安慰他：“不就是 200 元钱嘛，找不到算了。”本来小范就既心疼又焦躁，生活委员那听起来轻描淡写的劝说，此时让他如火上浇油，在怒火的驱使下，他感到大脑一片空白，一拳砸向了玻璃……

包扎完毕，回到教室后，小范依然对丢失的 200 元钱耿耿于怀。安老师一本本地仔细翻看起小范的课本，终于在《汽车故障诊断》里找到了夹着的 200 元钱。钱是找到了，但小范的手上却留下了多处创伤。

二 案例分析

当小范发现钱不见了，随后的一系列言行表明他当时处于暴躁情绪之中。心理学认为情绪是个人的内心感受和主观体验，是人各种感觉、思想和行为综合的心理和生理状态，是对环境刺激所产生的心理反应、生理反应及行为表达方式。而暴躁是指在一定场合受到不利于己的刺激就暴跳如雷的情绪特点。其主要表现包括沉不住气、易受激惹，听到一句不顺耳的话就火冒三丈，唇枪舌剑加以还击，甚至拳脚相加；受到一点刺激便大发雷霆，大声怒吼、斥责别人，不考虑后果，甚至在他人好心劝解时会更加激怒他。

暴躁同遗传因素有一定的联系，如父亲或母亲，也可能是祖父母或外祖父母脾气暴躁，受长辈的影响和神经类型的遗传，孩子也容易脾气暴躁。从气质类型上来看，气质一般分为胆汁质、多血质、黏液质和抑郁质四种，脾气急躁的这类人属于胆汁质，具有这种气质的人兴奋性很高，脾气暴躁，性情直率，精力旺盛，情绪容易受环境影响而大起大落，属于神经活动的强而不均衡型。此外，家长教育方式的不当也容易使个体形成暴躁的个性特点，个体遭遇挫折、压抑、敌意等也是引起脾气暴躁的因素。

暴躁具有相当的情景性，一般是在熟人或亲朋好友之间才暴露无遗，而在生人或生疏的环境中，强度会降低很多。本案例中小范找不到 200 元钱引起了焦躁情绪，继而出现了伤害自己的暴躁行为。也有学生较长时间受到其他学生的欺凌，他对这些人心怀怨恨，当怨恨积攒到一定程度时，就有可能因为一件小事而勃然大怒。

当个体处于暴躁状态时，其思维被激怒的情绪所左右而无法控制，不能全面、细致地考虑事情的前因后果，为了“出气”而口不择言、急不择径，做事不择手段，往往造成不可挽回的局面。同时，性格暴躁者对集体的团结和稳定，也具有一定的破坏性。

三 干预措施

1. 遇到学生出现暴躁情绪，班主任该如何处理?

接纳理解，不被卷入。学生产生坏情绪并不可怕，可怕的是教师被学生的坏情绪卷入，陷入自责内疚或急躁暴怒的情绪中，以暴制暴。班主任要了解学生多数暴躁行为的产生都是由于坏情绪的干扰，是一种本能反应。当学生处于暴躁状态时，要本着“先处理情绪，再处理事件”的原则，因为理智在左脑，情绪在右脑，当情绪产生时，不管别人说得多么正确，学生都是听不进去的，所以教师要先接纳、安抚情绪。

班主任可根据当时的情况灵活处理。如果学生没有攻击性行为或自我伤害的行为，班主任可以给学生一点时间或空间发泄情绪；如果学生有攻击性行为，会对他人或自身造成伤害，班主任需要及时制止其攻击性行为，不要批评指责，更不要动手辱骂，先等学生冷静下来，再询问事由，或提出建议，引导其逐渐平息怒火。

2. 预防暴躁，班主任怎样引导当事人?

暴躁的个性品质，是可以通过自身的心理调节和提高自制力来改善和改变的。

认知情绪，合理表达。让学生认识到，当你发脾气、摔东西，发生暴躁行为时，对身边的人是不公平的，这些人也许并没有做错什么或者从他们自身的角度来看是完全正确的做法，却无端地受到自己暴躁情绪的折磨；即使他们明白这暴躁与他们无关，也会让他们的心情大打折扣，甚至会心惊胆战。所以，班主任可以引导学生在心情不好的时候，用恰当的方式表达情绪：表达你想要的，而不是你不想要的；表达感受，而不是情绪；表达自己是愤怒的，而不是愤怒地表达；表达需求，而不是你的抱怨；不要让对方猜测我想要什么。例如，直接告诉对方："我现在很生气，你先别跟我说话""我现在心情不好，某某事我搞砸了，你能帮帮我吗？"

换位思考，体谅他人。班主任可以将日常发生的事情在班会课上重现，引导学生换位思考。例如，同学无意中踩坏了自己的笔，弄湿了自己的书，言语冲撞了自己；有的学生对他人要求过高，对方并不能达到自己的要求；有的学生自尊心过强，同学善意的玩笑、无心的话语都会认为是对自己的冒犯，伤了自己的面子等。可以采用小品剧、情景对话、角色扮演的形式，让同学们学会站在对方的角度，看到对方的"情非得已"。

不如意事，冷静面对。人们常说，不如意事常八九，每个人都会遇到很多不如意的事情。班主任要引导学生遇事冷静分析，寻找"不如意"的原因，以便找到应对"不如意"的方法。案例中小范发现200元钱找不到了，于是就急躁，而处在急躁情绪中更会找不到。这时小范不妨先冷静下来，尽可能多地回忆与200元钱和课本有关的细节，可能更有助于找到这笔钱。

冷静三问，管理暴躁。发脾气是解决问题的一种方式，但一定不是最好的方式，也一定不是唯一的方式，而且发脾气也不见得有助于问题的解决。班主任可以引导学生学会"冷静三问"：①我这样做的目的是什么？②我想要采取的做法是不是有利于我实现这个目标？③如果不能，我还可以采用哪些方法？遇事先问自己，用结果指导自己的行为，会大大减少学生产生暴躁情绪的概率。

3. 事件发生后，班主任怎样引导班级同学们看待情绪？

班主任可以引导学生搜集关于情绪的知识，通过班会或小组讨论，帮助同学们认识情绪、了解情绪，做情绪的主人，让"有情绪是本能，控制情绪是本领""冲动是魔鬼，出事要后悔"这样的理念深入人心。

情绪具有多样性。情绪的基本类型可以分为喜、怒、哀、惧，以及由此衍生出的多种复合情绪，如悲喜交加、又爱又恨、百感交集、忐忑不安、心烦意乱、情不自禁、悲愤填膺、羞耻、悔恨等，每个人都会拥有这四种基本情绪和诸多复合情绪，因此情绪管理并不是要消灭情绪，也消灭不了。

情绪本身无好坏。人们大都喜欢喜悦这种情绪，但中医上说“喜伤心”，范进中举后“欢喜疯了”；恐惧的情绪体验是“害怕”，让人很不舒服，但正是由于恐惧，可以使人逃离危险情境，最大程度上避免危险的发生；像案例中小范暴躁的脾气带给他的是痛苦的体验，然而，暴躁也可以是一种驱动力——当我们面对难题和障碍时，它能够调动身体的能量，舒缓我们的压力。

情绪是可以调节的。情绪虽无好坏之分，但由情绪引发的行为及后果则有好坏之分，所以要疏导情绪、改变信念、调整由情绪引发的行为。美国心理学家埃利斯提出了“合理情绪 ABC 理论”，A 表示诱发性事件，B 表示个体针对此诱发性事件产生的信念，即对这件事的一些看法、解释，C 表示个体产生的情绪和行为的结果。同一件事情，不同的人会产生不同的情绪体验，只要调整对事件 A 的信念 B，情绪就会发生变化。

每种情绪都有意义。可以把情绪看作是一种信号，提醒个体坚持或改变自己的思维模型、行为方式。例如，某个学生考了好成绩很高兴，为了继续得到这种高兴，他就要激励自己为了得到好成绩而继续努力学习。发觉学生处于焦躁情绪中时，班主任可以引导学生意识到：这种情绪让我不舒服，它提醒我，为了让自己以后尽量避免拥有这种情绪，我现在需要做一些改变。例如，让自己学会表达需求，寻求帮助，或者寻求更好的解决办法等。

02 谁懂我心?

——丧失心理危机的干预措施

一 案例描述

“秋风萧瑟天气凉，草木摇落露为霜”，望着窗外飘零的树叶，班主任罗老师叹了口气，舞蹈老师的话又在耳边响起：“李楠已经一周没有集训了，怎么办呢？不行就换人吧！”

李楠是学前教育专业二年级学生，她聪慧刻苦，专业基础好，同学关系融洽，经过学校层层选拔进入集训队，年底要参加省级技能大赛。一个月前，李楠的姥姥突然病逝，她一直无法接受这个事实，沉浸在痛苦中，情绪低落，对任何事情都提不起兴趣，上课无心听讲，作业不交，大赛集训也不按时参加了。

班主任罗老师找她谈心，了解到了一些关于她的信息。李楠打小就一直和姥姥生活在一起，直到上初中才回到自己家，家中还有个弟弟，她和弟弟关系不错，但因为和父母的关系淡漠，总感觉这个家很生分。姥姥虽然身体一直不太好，却总是把好吃的好穿的都给李楠，还经常给她零花钱，不让她受半点委屈，有姥姥的疼爱，李楠觉得很幸福。因此她勤奋学习，成绩优秀，想着明年毕业就可以挣钱孝敬姥姥了，可万万没想到姥姥却突然病逝了。父母怕耽误她训练，从姥姥生病住院到病逝，一直没告诉她。她怨恨父母不让自己去见姥姥最后一面，当得知姥姥临终还喊着她的名字，李楠几近崩溃，她觉得是自己拖累了姥姥，让她积劳成疾，这使得李楠很愧疚。

李楠觉得天塌下来了，经常独自偷偷落泪，对什么都没兴趣。尤其最近一段时间，随着大赛的训练日趋紧张，李楠开始出现害怕周围声音的症状，如同学在卫生间洗漱的流水声、别人突然从自己跟前闪过或舞蹈老师打节拍的声音都会对她造成惊扰。尤其是晚上她需要与同学挤在一张床上才能入睡，还经常做噩梦，有时候会梦到姥姥站在床边，惊醒后很难再入睡，睡眠质量下降，精力衰退。

二 案例分析

李楠的情感反应是由于丧失亲人引起心理创伤的应激状态。丧失是指失去亲近的人，可能是死亡或离开。丧失会给人带来悲伤，亲人的离世使人有被抛弃感，与内心世界连接的客体消失，会带来无助感和不安全感。李楠和姥姥感情深厚，姥姥取代了父母给予她爱和关注，成为她成长过程中的“依恋客体”。姥姥的去世很突然，让李楠又重新体验到童年的被抛弃和分离创伤，父母没有让她去看姥姥最后一眼，也没有让她去参加姥姥的葬礼，她既有对父母的愤怒和不满，又有对姥姥的愧疚和思念之情。

亲人去世作为一种重大危机事件，势必会对个体产生重要的影响。有些学生像李楠一样，因为最亲近的人突然离世，给他们的心理和精神带来巨大痛苦，由此造成否认、回避等应急状态，自责和愤怒的情绪体验，不能入睡、头痛胸闷等躯体反应及自我评价降低等状况，如果不及时进行心理干预疏导，这些创伤性经历会严重影响他们日后的人际交往、生活和学习。因此，要通过早期的适当干预帮助当事人度过正常的悲哀反应过程，使他们能正视痛苦，并找到新的生活目标。

三 干预措施

1. 面对失去亲人的学生，班主任该如何安抚？

引导学生倾诉，宣泄哀伤情感。任何情况下，情绪都是需要首先处理的，丧失亲人心理危机也一样。很多人丧失亲人后都会经历哀伤的五个阶段：否认、愤怒、内疚、沮丧和接受。

对于丧失后情绪压抑或回避，班主任要想办法鼓励当事人说出思念，最好从事情的发生说起，回忆创伤性事件，班主任也可以说出自己经历的或看到过的丧亲的事件，引发当事人共同的感受，吐露心声，释放聚集在内心的不良情绪。如果当事人能够表达情绪，或者哭泣，或者诉说，把内心的痛苦宣泄出来，就有利于心理康复。面对哀恸的当事人，班主任不要说“你要坚强，慢慢会好起来的”“别哭了，人死不能复生”等没有帮助的话。班主任可以握着学生的手，视情形拍拍肩，抚摸学生的后背，告诉她：“亲人去世，你一定很难过，如果觉得不舒服，哭出来会感觉好些。”“老师也经历过丧失亲人的事，能够理解你痛苦的心情。”老师的情感支持和同情，能够给予学生莫大的安慰，帮助学生接受亲人的离世，更有力量解决遇到的问题，很好地度过这五个阶段，投入当下的学习生活中。

2. 班主任如何处理学生对逝者的“未完成心愿”？

运用“空椅子技术”，完成学生“未完成心愿”。因为父母的原因李楠没有见到姥姥最后一面，也没有参加姥姥的葬礼，这是她的遗憾，也是内心的一个结，也是心理危机产生的重要原因之一。

班主任可以使用“空椅子技术”，创设一个虚拟的场景，让当事人表达对逝去亲人的思念之情。找一个安静的场所，摆放一把椅子，首先让李楠微闭双眼，深呼吸几次，进入冥想状态。班主任可以说：“想象一下，现在姥姥就在你对面的椅子上，她对你微笑，很和蔼很亲切，你想跟她说什么？”引导她把对姥姥的思念、内疚和抱怨等都表达出来，然后让她听听姥姥又会嘱托些什么。最后，鼓励她跟姥姥告别，“姥姥已经离开人世，但她的爱还在，并且会永远留在你心里，记住这份爱，让姥姥安心地走吧。”目送姥姥走远后，暗示她转身看看身后父母、老师和朋友关切的眼神，然后回归到现实。

从心理学的角度来讲，要使人积极地面对现实、健康成长的一个重要手段，就是帮助他完成内心中的那些“未完成心愿”。冥想中的告别仪式可以帮助人更快地走出情绪的困扰，弥补自己的遗憾，解开心结，接受亲人已经离去的事实。

3. 班主任如何引导学生走出困扰？

合理情绪疗法，改善学生不合理认知。一般来讲，亲人的逝去，会让生者产生强烈的痛苦，伴随着自责、内疚和懊悔等情绪，就像案例中的李楠认为姥姥去世是因为照顾自己，省吃俭用积劳成疾造成的，姥姥去世后自己没人疼爱了，呈现强烈的孤独、失落及自卑情绪，这其实是由于李楠的不合理认知造成的。

班主任可以运用合理情绪疗法，一起和当事人澄清不合理的心念。可以让当事人分享过去与逝者生活在一起的点点滴滴，感悟长者对孩子的付出都是无怨无悔的，不要把亲人逝去的责任揽在自己身上，徒增痛苦和内疚；逝者已矣，让学生学会接纳事实，以一颗勇敢的心去面对生活的变故，珍惜当下所拥有的亲情，积极寻求家庭系统中其他成员的支持，得到其他亲人的关爱。最后，让学生感悟到过多的牵挂和执念只会让离世亲人灵魂无法安宁，只有照顾好自己，好好学习生活，才是对离世亲人的最好报答。

良好的社会支持系统和温暖的班级氛围是抚慰受伤心灵的良药，因此，班主任可以开展以“友谊的力量”“认识生命”“生命的归宿”等为主题的班级团体辅导活动，指导学生正确认识生命，理解生命的意义，通过师生彼此分享对生命的感悟和理解，让学生获得老师的关心和同学的陪伴，滋养学生的关爱情怀。

4. 班主任给家长哪些建议?

亲人参与，感受家人的温暖。心理危机干预的一个重要原则是必须有家人或朋友参与。案例中的李楠自幼与父母分离，姥姥补偿了她爱的缺失，使她获取了价值感和力量。姥姥的突然离去让她觉得不知道以后依靠谁，支持系统变得薄弱，产生心理危机。遇到这类情况，班主任要建议与学生关系密切的亲人关注孩子的情绪变化，注重与孩子之间的情感表达，使他们能感受到亲人的关爱，及时了解孩子在学校的表现，建立良好的沟通模式，这样可以从一定程度上弥补失去亲人的伤痛，帮助孩子走出心理的困境。

有些家长可能觉得孩子还小，或者怕耽误学习，往往不让孩子知情或去参加告别仪式，这恰恰是产生心理问题的原因所在。生死离别是人生的重大创伤，人们必须借由表达悲恸来哀悼失落，宣告分离，并且建立新的关系。否则，必会造成身心的不适甚至疾病，而无法走出悲伤。家庭的重大事件也要让孩子知道，不知情会让孩子内心彷徨，缺乏安全感。因此，让孩子表达感受，宣泄哀伤，完成告别，也是家庭发生丧失亲人变故时，家长需要思考和关注的。总之，父母和亲人的关爱和理解是孩子恢复身心健康的有力保障。

03 我的手很脏

——强迫障碍的干预措施

一 案例描述

强子和同桌打架了，班主任赶到班里的时候，他们的打斗已经结束，强子正在用纸巾仔仔细细地擦着手。原来，今天考试时，同桌借用了强子的笔，虽然强子不愿意，但碍于面子便没拒绝，等同桌还笔的时候，看到强子拿出纸巾一遍遍地擦拭，认为强子嫌自己脏，这是在侮辱自己，便和强子发生了冲突。

在调查的过程中，强子告诉老师，近大半年来，他觉得一切都是脏的，只要用手碰了，手就很脏，所以需要使劲擦才放心。进教室从来不用手推门，而是用脚踢开；椅子必须擦拭很多遍，才会放心落座；写字不用手直接握笔，而是用卫生纸包住手握的部分；每次大小便后，他都会用随身携带的洗手液反反复复地洗手，导致手上的皮肤都洗烂了……

他也不愿意这样，可是又对抗不了内心感觉脏的那股强大力量。父母对他平时要求很严厉，母亲也是一个有洁癖的人，他不敢和父母说自己的情况，现在又因为这事和同学发生了矛盾，他感觉自己像个怪物……

二 案例分析

强子感觉一切都很脏、反复洗手的状况，属于比较典型的强迫障碍，又称强迫症。强迫症是一组以强迫思维和强迫行为为主要临床表现的神经精神疾病，其特点为有意识的强迫和反强迫并存。一些毫无意义、甚至违背自己意愿的想法出现，虽然个体认识到这些想法或冲动是不合理的、无意义的，但却无法控制，一旦勉强控制就会出现紧张、心慌等严重的焦虑表现。为了避免焦虑的发生，只好继续去想去做，内心充满冲突，十分痛苦。

强迫症包括强迫思维和强迫行为。常见的强迫思维包括反复怀疑门是否锁好、手是否洗净等；反复思考人手为什么是五个手指；或者脑海中不由自主地反复呈现看到过、听到过或经历过的往事，挥之不去等。典型的强迫行为包括强迫检查，如反复检查门是否锁牢，煤气灶是否关闭，反复摸口袋以证实钱是否还在等；强迫洗涤，如反复长时间地洗手、洗衣物等；强迫计数，如上下楼梯必数台阶，数错还得重数，不由自主地数人行道上的树木、车辆等；强迫性仪式动作，如进门前必须立正，手不小心碰到了桌子必须碰三下才安心等。

强迫症的病因目前尚不十分明确。从心理因素来看，可能是由于过往某一事件或一系列事件造成的心理创伤。另外，也可能与遗传因素、应激事件、家庭环境和人格特质有关。

三 干预措施

1. 班主任如何区分强迫现象和强迫障碍?

首先要了解强迫现象。如果有人一天洗手十几次，可是本人并不觉得这有什么问题，只是觉得这样做才够干净，同时洗手的动作是可以控制的，对生活和工作没有造成影响，那么这样的行为就仅仅是强迫现象，而不是强迫障碍。强迫现象持续时间短，不会引起严重焦虑等情绪障碍，不影响正常生活，是一种正常的表现。例如，有的学生负责锁门，会担心锁门的问题，存在检查一两次锁的情况，这种强迫思维和行为常常是内心压力的一种外显，通常是身体自动缓解内心焦虑情绪而出现的强迫现象。

如果个体感觉到症状异常，并努力抵制，但又徒劳无功，于是感到焦虑和痛苦，并因此使生活质量、学习成绩、工作效率和人际关系受到显著影响，这种情况才是强迫症。就像案例中的强子，他有一个强迫想法——觉得自己的手无时无刻在接触病菌，感觉十分的脏，并因此不用手去接触任何“脏”的东西，而且反复用洗衣粉洗手，这已经严重干扰了他的日常生活，导致他无法进行正常的学习和人际交往。

2. 班级出现有强迫障碍的学生，班主任该怎么做?

对于强迫症状比较轻微的学生，班主任鼓励他放松自己的情绪，遇事持积极态度，不要有过多的心理压力，承认强迫念头和行为存在的客观性，顺其自然，放松自己。例如，想检查一下锁就去检查，做到不与之抗争，就可逐渐淡化其症状。

对于强迫症状比较严重的同学，如前文中的强子，他强迫性洗手的行为已经严重到把手都洗烂了，本人身心都极其痛苦，这时应本着为学生负责的态度，需要第一时间联系学生的监护人，并上报学校相关部门，启动心理干预方案。

3. 班主任如何引导出现强迫障碍的学生家长？

实情相告，及时送孩子就医。班主任与学生家长取得联系后，需要把自己了解到的情况如实向家长反映，把病情可能造成的危害告知家长，问题比较严重的，嘱咐家长带学生到医院心理专科就医。强迫障碍的早期干预极其重要，目前针对强迫症的心理治疗有系统脱敏法、认知行为疗法、森田疗法等，家长要充分了解强迫症的临床表现和预防、康复的方法，同时要让孩子积极配合服药，坚持根据临床医生的指导方案配合治疗。

指导家长，给予孩子心理支持。有强迫症的学生会经常感到恐慌、紧张，导致过度焦虑的表现。作为家长，切不可斥责或抱怨，增加孩子的心理负担，要减少控制，要安慰陪伴孩子，帮助孩子合理宣泄内心的压迫感，如带孩子健身、郊游、做孩子感兴趣的事情等。

4. 面对出现严重强迫障碍的学生，学校合理应对的方案是什么？

学校相关部门接到班主任报告，发现严重强迫症状的学生后，要启动心理干预方案，可以由学校心理咨询室配合，了解学生的情况，并由心理老师给家长出具学生心理健康情况告知书（见拓展资料 7）。一式两份，家长一份，学校保存一份。

学生在医院接受相关治疗后，如果需要返校，则由家长向学校提交安全责任书（见拓展资料 8）。

拓展资料 7

学生心理健康状况告知书

尊敬的家长：

您好，经了解，您的孩子__________同学（年级__________班级__________学号__________）在____________________________________（学校）就读期间，发现其有____

____

__________行为（需要记录其认知、情绪、行为、意志等精神状况）。

学校已启动心理干预的预防系统（学生陪同、教师关注、心理老师疏导、学校通知监护人），在本阶段尽到了相应的监管职责，本着对学生负责的态度，建议监护人应陪同该生前往医疗机构心理科做心理健康状况方面的评估，看其是否适合继续学业。专业医疗机构的评估对于学校后续给该生提供有针对性的教育环境至关重要，敬请家长重视该生的心理问题，及时就医，并在就医后向学校老师反馈结果。

监护人签字：　　　　　　　　　　　　　　　　　　监护人意见：

电话：　　　　　　　　　　　　　　　　　　　　　日期：

拓展资料 8

安全责任承诺书

________学校

您好！我是贵校________年级________班________同学的家长。由于孩子出现心理问题，学校已对他 / 她进行了一系列的干预辅导，后转介给校外心理专科医生，经医院诊断为____，医生建议复诊，持续服药，家长陪伴并接受心理治疗。

学校认为，孩子目前的情况不适宜继续留校学习，建议暂停学业，由家长陪同监护，并定期带其接受心理治疗，辅以药物治疗，直至康复。

但经一家人商量，孩子和我们仍然希望继续留校正常学习。

现特做如下承诺：

一、每周与班主任沟通孩子的心理状况，定时复诊，家长负责其个人安全。

二、退出学校住宿，家长陪读并照顾孩子生活起居，每天负责上下学接送。

三、若孩子在校学习期间出现较大情绪及行为波动，家长立即到校接回并继续治疗直至状态稳定。

四、在此期间，如有任何意外情况发生，家长愿意自行承担相应责任。

上述承诺，承诺人将严格守约。

希望贵校予以批准，谢谢！

家长签名（父母双方）：

家长联系电话：

日期：

04 我害怕说话

——社交恐惧的干预措施

一 案例描述

学校附近的小卖部里挤满了人，学生们争先恐后地喊着自己要买的东西。人群里有个女生，眼睛大大的，瘦瘦弱弱的，看着没有精神，她张了几次嘴都没有说出话来，默默地退到了人群的后面。终于，等到同学们都走了，老板招呼她："同学，你要买点什么？"女孩这才低着头小声说："我要两节五号电池。"

这个女生叫依依，是一名职高一年级的学生，她平时很害怕去人多的地方，因为到了人多的地方她就不敢说话了。她在教室里总坐在自己的位置上，不怎么和同学讲话。依依其实也很想和同学一样正常地说说笑笑的，可是她和同学一说话就会脸红，心跳加快，手心出汗，担心自己说话不得体，惹人不高兴，不敢表达自己的需求。慢慢地，她越来越沉默，蜷缩在自己的世界。她没什么朋友，感觉心里很孤独，甚至都不愿意到学校来了。

二 案例分析

依依在小卖部不敢说话，和同学交往时退缩回避，属于社交退缩的行为，又叫社交恐惧症，是一种在社交场合与社交操作中因过分焦虑、害怕而引发的回避行为。社交恐惧在青少年中发生较多，通常表现为：在社交场合有不能胜任、困惑、尴尬和害羞的感觉，局促不安，害怕成为众人的目标，被人注视与评论，不愿意当众说话、表演、进食等；预设别人对他的评价是否定或蔑视的；面对害怕的场合，要么回避，要么痛苦忍受，严重时常伴有脸红、手抖、恶心或心慌等躯体反应，甚至导致社交功能减退，职业和生活功能受损等。

产生社交恐惧的原因大致有以下几方面：①家庭因素。父母对孩子的心理需求漠不关心，拒绝、限制较多，期望值较高，导致孩子没有自信，不敢与人交往；父母对子女保护或放纵过度，使孩子依赖性强，独立性差，不被同伴接受，在交往上有挫败感；或者孩子早期没有形成安全型的依恋关系，形成胆小、羞涩的性格，缺乏接触社会和社交的技能。②心理因素。自尊心较强，敏感多疑，害怕被人拒绝，害怕不被认可，不被接纳，或者对自身外貌及能力没信心，担心与人交往时被人发现自己的这些缺点，因而回避社会，不愿意和人交往。③社会因素。与人交往时受到的挫折居多，被否定、羞辱或连续的惩罚等，也会增强其社交恐惧的倾向。

三 干预措施

1. 面对有社交恐惧行为的学生，班主任该怎么办?

首先是理解和接纳。社交恐惧属于心理问题，跟性格内向没有直接关系，其实他们内心特别渴望人际交往，只是害怕不被认可和接纳。班主任要理解学生内心的纠结和恐惧，不要提建议或试图解决问题，不要说："你这样是不行的，你要锻炼一下自己""你胆子咋这么小，有什么好害怕的？他们又吃不了你！"更不要给学生如下的安慰或建议："放轻松点""这没什么，你要相信自己""你必须要解决这个问题，不然以后如何"……在学生没有准备好的情况下，班主任不要操之过急，不要逼着他去锻炼，如接打电话、与陌生人聊天、上台演讲等。因为具有社交焦虑的人并不是想要恐惧，而是被动地感受到了恐惧，评判和责备只会让痛苦更深一步。

其次是鼓励和支持。对于有社交恐惧的学生，最为宝贵的就是温和与善意，班主任要多鼓励、多支持，让他获得满满的安全感。班主任可以找一个安全、安静的环境，耐心地和他聊天，采用"先跟后带"的方法，让学生能够吐露出他自己的心声，了解该生以往发生了什么，内心有什么感受？然后带入自己的观点，调整学生的认知，尝试让学生去接受自己对于社交的焦虑，接受自己本来的样子。让学生了解世界上没有十全十美的人，每个人都有不足之处，所以既不要夸大别人的优点，也不要随意放大自己的缺点，促进学生能客观的认识自己。

最后是帮助和引导。班主任要帮助学生慢慢克服恐惧心理，一步一步引导他，一点一点增加他与人交往的机会。例如，上课提问时，可以问一些简单的问题，发问时要有耐心，甚至可以让他有充足的准备，然后在课堂上提问他，让他在小的成功中体验自信。在人际交往上，可以让他从打招呼问候开始，等到他做到很好之后，再和同学聊天，再试着与多名同学进行交往。对于学生的每一次交往和合作，都给予表扬。可以帮助学生做一个克服恐惧的计划，如案例中的依依，针对她害怕去小卖部的事，可以先找一个同学陪着一起去，让同学帮她说需要买什么；几次以后让同学陪着再自己说出来买什么；最后同学在外面等着，让她自己进去买东西；最终实现一个人敢去小卖部。再把这样的成功经验迁移到其他场合，采用循序渐进的方法学习面对人多的地方。

2. 班主任如何有效预防学生的社交恐惧?

有社交恐惧的人普遍存在一些性格上的弱点，如胆小、懦弱、害羞、内向、敏感、自信心不足，过于关注别人对自己的看法、评价等。因此，班主任要积极开展班级团体活动，增加学生们当众发言的机会，鼓励学生勇敢地表达自己。开展室外拓展训练活动，如同心同行、风火轮、风雨同舟等；或者组织班级集体活动，如篮球赛、拔河比赛、歌咏比赛、放风筝、堆雪人、郊游、去福利院等，让其增加与同学交流的机会，通过班级团结活泼的氛围，带动其融入集体，敢于社交。

同时，班主任还要有目的、分阶段地开展团体心理辅导活动课，如“优点大轰炸”“画画我自己”“沟通你我他”等以人际交往、自我认知为主题的活动，帮助学生改善认知、调整期待、提高自信，引导学生做自己、爱自己、接纳自己，要允许自己犯错误，只要做事时尽了力，就不必介意别人怎么想、怎么看，不要害怕让别人失望，学会合理地表达自己的需求，学会说不。

3. 班主任怎样与社交恐惧学生的家长进行沟通?

引导家长理解孩子，积极改善养育环境。发现此类问题的学生时，班主任要及时与学生家长联系。引导家长认识到孩子的性格形成很大程度上取决于家庭的教养方式，如果家长对其缺少理解和关心，则易造成孩子爱的缺失，内心敏感，缺少自信，在不断受挫之后无力应对，从而退缩回避，形成社交恐惧障碍。需要家长及时反思：是否对孩子有过高的要求？平时是否指责过多？让家长理解目前孩子面临的心理困境，接受孩子在这个时期的现实状况，积极改善家庭养育环境，用爱和理解与孩子共渡难关。

创造机会，助力孩子人际交往。让家长帮助孩子创建交往的环境，鼓励孩子参加一些社交活动，社交活动的环境和人员都遵循“先熟悉，再陌生”的原则，如先邀请孩子熟悉的亲友来家里，再逐渐扩展到其他陌生的社交环境和社交对象，社交的人数可按照孩子恐惧的强度和适应特点安排。

转诊治疗，帮助孩子走出困境。如果学生的情况较为严重，班主任要建议家长带孩子去专业心理机构及时求助，借助心理咨询和药物治疗的方式让孩子走出心灵的困境。

4. 针对有社交恐惧的学生，学校需要哪些预防措施?

学校要创建良好的校园文化环境，加强对学生社交方面的教育，重视学生的心理健康，不定期开展“心理专家进校园”活动，普及心理健康知识，完善学校的心理课堂；重视学校心理咨询室的建设，对有社交恐惧的学生，能做到早发现、早干预；组织社团活动，如演讲社团、唱歌社团、舞蹈社团、手工社团等，拓展学生们课余的生活，增加学生的交往活动能力；组织春季或秋季运动会、春游等外出活动，通过集体活动让每个学生的性格得以完善。

05 我的世界灰蒙蒙

——抑郁情绪的干预措施

一 案例描述

“赶快走吧，要不然返校就迟到啦！”听到妈妈的催促，小琴鼓起勇气背起书包，走到家门口，但此时好像腿上灌了铅，一步也不想挪动，她无力地蹲下，痛苦地抱住了自己的头。

小琴最近总是感觉情绪低落，提不起劲儿，就连平时喜欢的手工制作也提不起兴趣，话也变得很少，晚上躺在床上，明明很困，却翻来覆去睡不着。每次周末回家倒是很开心，可是返校就觉得很困难。想起马上就要毕业，全省的单招考试在即，还有妈妈的嘱托，“中考就没考好，这次一定要抓住机会考上大学。”她就烦躁不安，整天感觉学校四周灰蒙蒙，一栋一栋的教学楼让她感到冰冷窒息，越想抓紧时间，越感觉效率低，在前几天的数学小考中，同桌竟然考得比她还好，这让她压力山大，觉得自己很失败，动不动就哭。她觉得自己是抑郁了，试着跟妈妈谈起，妈妈却不能理解，以为她找借口不想上学，讲半天道理，鼓励她要坚持，这让她感到绝望，常常用手指甲掐自己的手腕，仿佛疼痛才能缓解一下自己的压抑。

班主任张老师接到小琴妈妈的请假电话，她一边安抚小琴妈妈，一边陷入了沉思。在张老师的印象里，小琴乐观向上，成绩优异，在班里做学习委员，对工作负责，经常帮助同学，凡事要求完美，是个品学兼优的好学生。小琴曾说：“要做一个好学生，让所有人满意。”

小琴家里的情况张老师也了解一些，这孩子幼时爸爸走失，妈妈没有再婚，但是她性情敏感多疑，情绪不稳定，这么多年把所有的希望都寄托在小琴身上。因为没考上理想的高中，小琴没少听妈妈的唠叨：“你看，我都是为了你……”所以成绩优异的她，要求自己一定要守住前三名，要考上大学，为妈妈和自己争气。这次数学没考好，小琴难过地痛哭，怕妈妈会责怪。张老师想帮助小琴，却不知道从哪里做起。她也想不明白，这么好的学生为什么突然走不出家门，不能来上学了呢?

二 案例分析

小琴的郁郁寡欢，做事情提不起兴趣，效率低下，睡眠质量下降，经常哭泣等，是因为她处于抑郁情绪之中。抑郁情绪，是当人们遇到精神压力、生活挫折、痛苦境遇、生老病死、天灾人祸等情况时，产生的心情低落的情绪状态。

当个体处于抑郁情绪中时，常有以下四种表现：

（1）消极悲观。个体的内心十分痛苦，只关注事件的消极方面，精神颓丧，容易产生轻生的念头或行为。

（2）对事物失去兴趣。对生活失去热情，认为前途一片黑暗，看不到希望，什么事情都提不起兴趣。他们常常说：“生活没意思，什么事情都让自己高兴不起来。”

（3）不同程度的抑郁心境。轻者会感到忧伤、悲观、绝望；严重者会感觉生活已经麻木，没有乐趣，整天闷闷不乐。

（4）自我评价低。认为自己一无是处，对事情无能为力，无论做什么都困难重重，或者正是因为有了自己的参与事情才变得更糟糕，有较为强烈的自责、内疚、无用感、无助感、无价值感，严重时可出现自罪、疑病观念。

三 干预措施

1. 班主任如何识别抑郁症和抑郁情绪？

顾名思义，抑郁情绪是一种情绪，它基于一定的客观事物，即“事出有因”，在日常生活中所说的压抑、烦躁、憋闷等，实际上是抑郁情绪的代名词。情绪具有时限性，即任何一种情绪，只要不对它追加新的刺激，在完成过一个过程后会自然衰减。抑郁情绪通常是短暂的，具有“来得快、去得也快”的特点，无须药物治疗，只要及时调整、疏导，改变刺激环境，发挥心理防御功能，一般一个月左右可以恢复到心理平稳状态。

抑郁症则是一种疾病状态，其基本表现和抑郁情绪类似，但程度要严重得多。它可能“事出有因”，也可能并无客观的精神应激条件。抑郁症往往伴有全身多处功能性不适症状，其**典型症状**有：①心境低落；②兴趣和愉悦感丧失；③精力不济或疲劳感。其**常见症状**有：①注意力降低；②自我评价降低；③自罪观念和无价值感；④悲观；⑤自伤或自杀观念 / 行为；⑥睡眠障碍；⑦食欲下降。其**严重程度**分为：轻度抑郁，至少两条典型症状 + 至少两条常见症状；中度抑郁，至少两条典型症状 + 至少三条常见症状；重度抑郁，至少三条典型症状 + 至少四条常见症状。这些症状持续存在，经常超过一个月，甚至数月或半年以上，不经治疗难以自行缓解；当事人不仅仅“心里难受”，其社会功能，包括工作、学习和生活也会受到不同程度的破坏。

2. 遇到“抑郁”状态的学生，班主任该怎样做?

班主任要通过交流了解全面情况，如“抑郁”状态发生的原因、时间的长短、症状和社会功能是否受损等，根据综合情况，初步判断学生属于抑郁情绪还是抑郁症的范畴。班主任也可以求助学校心理工作室，心理教师通过心理测量（学校常用的量表有“症状自评量表 SCL90”“抑郁自测量表”等）做出判断。如果学生情况比较严重，班主任在向学校主管部门汇报后通知家长，及时转诊。学生经过一段时间的治疗，申请返校学习，则需要医院精神卫生中心开具康复证明，学校主管领导、班主任和心理老师进一步了解孩子的情况后，做出判断和决定。

特别需要注意的是，班主任要把所有的工作过程做好记录，学生的心理测量和相关证明，要保留归档。

3. 班里有“抑郁情绪”的学生，班主任和同学们该怎么做?

首先，要悉心倾听。在学生情绪低落的时候，共情和理解，是班主任和同学最好的选择，比提供任何解决方案和建议更有用。

倾听的过程中要有恰当的呼应，可以说“告诉我，你怎么啦？有什么事让你担忧吗？”，也可以说“虽然我不能感同身受，但是我会听，而且我爱你”，千万不要说“你这么聪明又乐观，怎么能抑郁呢？”“谁都有压力啊，你看看周围同学们不都好好地吗？”“你要坚强，再坚持坚持，加油哦！”

其次，以具体的方式提供帮助。如果去问一个抑郁情绪的人感觉如何，他很可能会说没事或他很好。实际上被各种低落的情绪困扰着，学生可能无法表达自己的需求，也无法做出选择。所以不要笼统地问“我们能帮你做什么”。可以陪伴他，告诉他“你不孤单，我们和你一起你”，陪他做一些事情，如散步、交谈、打球，发一条简短的消息或搞笑的表情包，给他带来一件小礼物，如甜食、一张卡片或几朵小花，这些都会缓解他们的抑郁情绪。

第三，教会学生和抑郁情绪共处。很多有抑郁情绪的学生都很善良聪慧，学业成绩优秀，能替他人考虑，平时爱帮助别人。就像案例中的小琴，总想让家人满意，让班级和谐，但当抑郁袭来，便开始自我怀疑，自我否定，觉得自己什么都做不好。班主任可以告诉学生：“脆弱是自身的一部分，不开心也没关系”，接纳低落的情绪，承认自己的不完美，做不好、考不好都没有关系，撑不下去的时候，寻求帮助并不丢脸，无须装作坚强。在学生自我否定时，班主任要给他及时、客观的肯定和赞赏。

4. 班主任该如何引导家长?

大量案例表明，容易陷入抑郁情绪的孩子往往具有超越同龄人的懂事，时时刻刻要赢，背负着家庭关系和谐的重任，承担着父母的期望，成为自我压抑不表达需求的“完美小孩”，当他们不堪重负，向父母求救时，往往得不到理解，甚至被视为矫情。

班主任要告诉家长，父母要理解、接纳孩子，要有耐心陪伴孩子。当发现孩子心情低落，不愿意起床，或者表达很累不想上学时，家长不要说：“天天啥也不干？哪来的累？”“你这不是好好地吗？为啥说不去就不去了呢？”“我看你玩手机、看电视挺高兴的，怎么一说上学就抑郁了呢？”“你怎么这么矫情？爸妈为了你，容易吗？你咋这么不懂事呢？”这样孩子就会更加沉默，自己硬撑独自面对困境，情况只能越来越糟糕。

父母可以跟孩子说：“今天感觉怎么样？”“跟妈妈聊聊最近经历了什么？”“为什么会有这样的感觉，近期发生什么事了？”“如果需要看医生，我们一起去”。父母陪伴孩子，让他感到不是一个人在面对。

如果孩子不想说话，父母也不要试图探听任何事情，此时父母的爱对他们有着重要意义，父母可以握住孩子的手或给他一个拥抱。告诉他，你的爱和支持一直都在，让孩子感觉到被爱包围，抑郁的黑暗并不能把他吞没。

06 谁能告诉我？！

—— 一起自残行为的干预措施

一 案例描述

一滴、两滴、三滴……看着一滴滴的鲜血从手腕流下来，李越的心里感到一丝轻松和愉悦。“小越，杨老师叫你去办公室一趟。”李越听到宿舍窗外有人喊道。“好的，马上！”李越急忙擦掉手臂上的血迹，贴上创可贴，披上长袖校服走出宿舍。

李越，中职二年级电子班的班长，踏实能干，责任心强，班主任老师的得力助手，上学期还当上了校学生会的部长。

班主任杨老师看到李越走过来，招呼他说：“你帮我把这两摞读书笔记搬到教室，发给同学们。”李越伸出手去接笔记本，手臂上的创可贴被细心的杨老师发现，她心里一惊，抓住李越的手着急地问：“孩子，这是怎么了？”“没事，老师。”李越平静地回答。杨老师伸手向上撸起李越的袖子，发现手臂上还有多道划痕和烟烫的疤痕，这让杨老师震惊又心痛。

李越告诉杨老师说近期校学生会工作繁忙，人事也正处在新老交替阶段。他既要安排全校的活动，又要培养新的干部，根本无暇顾及学业，一想到大专的升学考试，就心情烦躁紧张。

杨老师觉得李越说的只是表面原因，她知道李越母亲不在身边，家里还有个妹妹，李越要强且心事重。于是，杨老师关切地询问：“是不是家里发生什么事了？妈妈身体怎么样？”提起家里事，李越的眼圈发红，他告诉老师远在南方的妈妈最近住院了，每次打电话就说想念自己，还唠叨爸爸一堆的不是，他想帮助妈妈，又无能为力，很着急。

原来，自从小学毕业那年，李越与父亲、妹妹一起回到北方，就再也没有见到过妈妈。这几年，他一直怀疑父母已经离婚，父亲对此总是支支吾吾，家中长辈对此事也都闭口不谈。平时父亲在外做生意，妹妹寄养在姑姑家，他觉得妹妹好可怜，这么小就没有妈妈的照顾，爷爷奶奶也年迈多病，家不成家的样子让他心烦意乱，忧心忡忡。他特别渴望一家人能在一起吃饭，一起说笑，盼着自己快快长大挣钱养活妹妹，让爷爷奶奶过上好日子。他一想到这些就觉得自己的责任好重，他怨恨父母不跟自己说实情，抱怨自己为什么生在这样的家庭里！

听到这里，杨老师心里觉得很沉重、很心痛，也很无力，没想到平时看上去阳光上进、负责懂事的学生，心里却装着这么多烦恼，承载着家庭这么多的压力，她担心李越这样下去会做出更过激的事，但不知道该怎样帮这个孩子。

二 案例分析

李越这种行为是通过惩罚自己身体来缓解压力和对父母愤懑情绪的自残行为。自残行为一般是指无自杀意图的，为逃避冲突的痛苦而对自己身体进行直接和间接伤害的行为，而自杀是自残的最极端行为。

中职学生自残的方式有很多，包括撞击头部，打自己的脸，咬伤自己，揪扯头发，拧自己的腿部、胳膊，烫伤自己，甚至用刀片割腕，过量服用药物等。导致自残的原因有很多，主要有以下几种：童年期创伤、现实压力、家庭的不幸、寻求关爱、关注及青少年时期特殊心理、生理因素。中职学生社会经验不足，心理素质尚不成熟，与上述困扰因素朝夕相处，很容易陷入孤独、无助、挫败、失控、失望甚至绝望的情绪，有时会选择转移压力的错误方式——自残行为，把自己无法忍受的精神痛苦转移成肉体的痛苦，以获得快感，释放自己内疚、自责和紧张的情绪，是一种不良的发泄行为。

三 干预措施

1. 班主任如何发现自残学生发出的“警报”？

留意观察，充分利用朋辈互助。班主任应该密切关注学生的身体、心理变化和情绪变化，注意学生是否突然不穿短袖衫，是否在手臂上戴饰物或护腕，学习成绩是否滑坡或学习精力不集中，近期是否情绪低落、饮食和睡眠是否正常等。自残行为往往比较隐蔽，不易于被老师察觉，多数遇到心理困扰的学生，会最先向朋友倾诉和寻求帮助，班主任要重视朋辈互助，朋友、同学的积极关注和有效辅导能很好地促进当事人情绪稳定，及时有效地保障其人身安全。

因此，班主任要充分发挥宿舍长和班级心理委员的职能作用，心理委员定期上报“班级心理状况周报表”（见拓展资料 9），并通过学校心理健康教育部门，对他们进行系统培训，使他们能够了解相关知识，关注同学心理状态，朋辈互助，营造良好人际关系，真正起到辅助班主任的作用。

2. 班里出现自残学生，班主任怎样对待？

积极引导，耐心倾听学生的心声。班主任需要用冷静而友好的态度来看待这种行为，耐心倾听学生的烦恼，了解他为什么要伤害自己，可以询问学生：“是不是发生了什么事让你觉得不舒服？如果你需要的话，看看老师能不能帮到你？”不对学生的自残行为进行评判，更不能批评指责，不要说“你怎么这么傻呀，有什么解决不了的事，非要伤害自己？！”承认和接受学生所受到的切肤之痛，给予安慰和同理，这样学生就会卸下防御，向老师袒露心声。

帮助解决现实问题，引导学生走出心理泥潭。像案例中的李越同学，他的大部分压力来自家庭、父母的关系，老师要帮助学生分析情况，厘清压力源，告诉学生家庭的冲突是父母的问题，跟孩子没有关系，对爷爷奶奶的赡养也是父辈的主要责任，孩子不要替父母背负太多责任，最好的办法是放过自己，做回自己。

如果学生需要，可以向心理工作者、精神卫生等专业人士寻求帮助，相信通过专业治疗，能够帮助自残少年改变认知，学会控制情绪，增强社交能力和自信心，改善家庭关系。

3. 班主任应该给学生家长提出哪些建议？

班主任要及时联系学生家长沟通孩子的情况。第一，建议家长要多关注孩子，及时了解孩子成长中的烦恼，帮助、支撑孩子面对困难和挫折，澄清家庭关系，不让孩子背负太多家庭的问题，不要过多干涉、包办或指责孩子，这样更容易引起孩子的叛逆。第二，对于孩子的自残，家长要在孩子面前表现出体谅、关爱的态度，生气、怨怼和痛苦，只会增加孩子的内疚和自卑，让情况变得更糟糕。第三，优化家庭环境，调整家庭气氛，要主动与孩子沟通，了解孩子学习、交友情况，帮助孩子建立家庭的安全感，引导孩子参加有益身心健康的娱乐活动，释放压力。第四，如果需要心理辅导，家长要主动参与到孩子的治疗中，帮助孩子寻求积极的释放压力的办法，让孩子明白家人关心他、爱护他。随着思想的成熟、对压力理解的提高和对冲动控制的增强，孩子会慢慢克服自残行为，度过心理危险期。

4. 对青少年自残行为，学校采取哪些干预措施？

学校要建立危机干预机制，重视对青少年自残行为的心理干预，班主任、心理辅导教师必须正视并积极参与其中。学校要给学生提供一个有利于健全人格发展的环境，丰富学生生活，创造学生潜能得以发挥的空间；开设系列父母课堂，讲解青少年心理特点，改善亲子关系，提升父母的素养；同时把心理健康教育作为学生的必修课，培养学生应对生活压力的能力，提升学生心理承受能力，指导学生建立人际关系和支持系统，教给学生自我调节情绪、放松身心的方法，从而帮助学生更好地走出心理误区，不再伤害自己。

拓展资料 9

班级心理状况周报表

班级：________ 时间：________ 观察员：_____

本周，我对班级同学心理状况的评价是：	本周，我班开展的活动和同学热衷谈论的话题有：
本周，我班同学在学习、交往、适应、情感等方面遇到的问题有：	根据同学们的困惑与实际问题，我建议：

第六篇

社会适应和社会化

社会化是个体从自然人成长、发展成为社会人的过程，社会适应是个体学习、掌握社会角色，并形成适应社会环境的人格、心理、行为方式和生活技能的过程。本篇通过分析学生中出现的反社会行为、蛰居、偷窃、过度消费、痴迷网游等现象，引导教师理解学生行为背后的心理需求，形成正确对待和处理不良行为的措施，帮助学生建立符合社会规范的价值观念和行为模式。

01 别惹我，烦

——青少年反社会行为倾向的干预措施

一 案例描述

“李老师，快到班里看看，小阳又弄不住啦！”班主任李老师刚下课，就被班长叫走了。

小阳，计算机应用 1 班的学生。父亲在小阳 3 岁时离开家，至今未归。5 岁时唯一疼爱他的爷爷去世，母亲带着他再婚，两年后生下弟弟，继父脾气不好，经常打骂小阳。入学以来，小阳文化课成绩很差，痴迷于射击类网络游戏。小阳脾气暴躁，常有些过激言论，“我弄死你”之类的话总是挂在嘴边。在班里人缘不好，没有朋友，抽烟、打架、骂人、逃学、偷钱、破坏学校设施等，违反纪律是家常便饭。他常因此受到批评，更激发了他对同学、老师、学校的不满和怨恨。在他心中，全世界都是恶人，都对不起他。

李老师在去教室的路上了解到：今早一上课，小阳就趴在桌子上玩手机，科任教师提醒了他两次，他不仅不听，反而哼起了歌，科任教师很生气，想没收他的手机，他拒不上交，与老师冲突起来，谁都劝不住。班长看情况不对，赶紧去找班主任。

李老师来到教室门口，看见小阳课桌上的书本都推到了地上，掀翻桌子，正举着凳子欲砸向老师。他眼睛通红，头上青筋暴露。周围的男生有的抱住小阳，有的抢他手中的凳子，有的挡在老师身前，胆小的女生吓得哭了起来。这时学生处老师也及时赶到，把小阳带到办公室，约请家长到校一起解决问题。

二 案例分析

小阳对周围的人和生活环境有很多不满和怨恨，外在表现上对他人和学校有破坏和伤害性的攻击行为，有反社会行为倾向。

反社会行为是指那些违背社会公认的行为规范，做出对他人和社会造成损害乃至严重破坏的行为，反社会倾向通常伴随有攻击性。青少年时期（11 ～ 18 岁）身心发展的不平衡往往导致内心矛盾，在适应周围环境的过程中，他们要肯定自己的身份、力量和个性，也为了考验家庭和社会规则，以确认周围的人是否会义无反顾地接纳自己，因此通常会出现反社会行为。由于受到年龄限制，青少年反社会行为在破坏性方面表现得不很明显，出现严重违法和犯罪行为的只是少数，较多表现为醉酒、破坏公物、早恋、撒谎、逃学、吸烟和向父母骗钱等；其次出现较多的是赌博、进入违禁场所等；再次为强要财物、偷窃、打架、使用违禁药物、顶撞师长等。青少年时期的这些行为，会随年龄增长发生延续性变化，如果在早期缺乏积极教育的话，可能会发展为反社会型人格或行为障碍。

大量研究证实，良好环境下成长的人较少出现反社会行为，而成长在不良环境中的人则更易出现反社会行为。第一，家庭教育方式、家庭结构与和谐程度对青少年的发展有着重要的影响。研究证实，受虐经历对反社会人格发展会有重要的影响。家庭结构的不完整、重组家庭及存在家庭冲突也是导致青少年反社会行为的重要原因。调查发现，与父母分离 5 年左右的孩子在青少年期更容易出现问题。第二，学校是青少年学习和生活的主要场所，学校的理念、班级的人际关系与风貌、学习的压力与困难、教师的教育方式与态度等，对学生的成长、行为塑造及心理发展有着至关重要的作用。第三，社会环境对青少年反社会行为也有重要影响，不良影视、网络文化，使青少年获取错误信息。曾有学者通过实验研究发现，暴力游戏和影视暴力场景会增加攻击性行为的概率；各种暴力工具也会增加个体的暴力想法及冲动，亲社会行为会减少。第四，贫富差距和经济发展的不平衡也是导致反社会行为的危险因素。

在本案例中，小阳行为的最根本原因在于其特殊的家庭情况和成长历程。

三 干预措施

1. 遇到反社会行为爆发，怎么处理现场？

学生的反社会行为一般具有突发性，缺乏计划性和周密性，遇到学生表现出反社会行为时：

第一，要保护在场人员的生命安全，迅速组织在场人员撤离现场。如果当事人的行为具有明确的针对性和指向性，要迅速将当事人隔离，离开现场环境和刺激源，有利于当事人情绪的平复，恢复思考的能力和理智。必要时可采取强制措施把当事人带至独立的隔离房间。需要注意的是，该房间最好在一楼，如果在高层，门窗一定要有防护设施；室内无其他潜在危险的物品和设施。

采取冷处理的方法，尽量不要现场“审案”，避免在当事人激惹状态下询问事情经过，如问“为什么打人？”“发生什么事情了？”等问题，更不要批评斥责，以免使矛盾升温。如果双方纠缠在一起，可对其表达同理，帮助其恢复冷静，如“我理解你此刻很愤怒，想马上要个说法，请相信事情终归是有结果的，先分开，彼此冷静一下，我会一直陪着你”等，教师温和、有力的态度会促使当事人稳定下来，将现场的危险系数降低至零。

第二，要第一时间向学校危机干预领导小组相关成员报告，校领导、保安、校医、心理教师等相关成员要第一时间到达现场。心理老师和校领导与当事人沟通，阻止或终止其反社会行为。校医和保安随时做好医护的准备。如果阻止失败，要把伤害和损失降到最小。

第三，通知其家长或监护人。一般选择电话通知，这就要求在通知的过程中，要谨慎使用通知用语，模糊或淡化孩子的问题表现，以确保家长能够情绪稳定，安全到达学校。在和家长沟通的时候避免用“你尽快到学校来吧，你家孩子闯祸了！”“先把其他所有事情放下，到学校来，你家孩子打架了！”之类的语言，以免引起家长过度紧张和担忧，以及发生意外。可以采用这样的语言，如“××家长，孩子遇到一些困难，需要您到学校，一起协商解决。”教师要让家长有一定的心理准备，感受到学校和他在一起，有支持感，避免其陷入盲目的担忧、焦虑和无助。只有良好的家校关系才有利于问题的妥善解决。

2. 教师成为学生攻击行为的对象，怎样缓解压力？

学生的辱骂甚至是攻击对教师来说是一个颇具伤害性的心理事件，面子上过不去，付出无回报，很容易对职业能力甚至人生价值产生怀疑，内心会产生内疚、自责等情绪，这些都是正常的心理反应。可以从以下几个方面着手缓解心理压力：

首先要客观全面地看待问题，学生此刻的过激行为与其个性特点、家庭环境等密切相关，当下事件只是其潜在问题爆发的导火索，即所谓的“压死骆驼的最后一根稻草”，避免将问题原因完全归责于自己。例如，案例中小阳的行为，并不完全是因科任教师没收手机引起的，而是他从小缺乏温暖和关爱，经常被责打，内心充满积怨的瞬间爆发。

其次，认识到自己只是作为学生怨恨情绪的一个投射对象（即替代对象）。学生怨恨的往往不是老师本人，而是另有其人。有可能是老师在当时的情景下的言语、行为方式激起了对方的怨恨情绪。就像案例中，老师提醒他不许玩手机并强行没收的行为，可能让小阳再现了在家被继父粗暴约束、管制的感受。

再次，老师要深入思考，总结经验教训。在日常教育管理学生时，善于和学生建立良好的师生关系，增进互相理解，减少学生负面情绪的产生。同时用既定的班规、班纪管理班级，对违纪行为的处理做到公开透明、有“法”可依，避免学生把受惩罚的怨恨情绪指向老师本人。此外做好惩罚的善后工作，也是非常重要的一环。让学生真正认识和感受到惩罚的教育价值。

最后，如果老师的心理压力仍然难以缓解，要及时申请学校领导的支持和专业心理咨询师的帮助。

3. 如何帮助引导具有反社会倾向的学生?

日常教育教学工作中，班主任如果发现可能有反社会倾向的学生，要给予特别关注，从以下几个方面积极引导帮助：

第一，理解反社会行为背后的心理表达和需求。在心理学家温尼科特看来，反社会行为源自于情感的剥夺与匮乏。一般具有反社会行为的青少年在童年生活中缺少关爱，往往遭受遗弃或严苛管教，就如案例中的小阳，生父抛弃不管，继父非打则骂，爷爷去世，弟弟出生，母亲无暇也无力照管，依恋需求没有得到满足，因此对家人抱有很深的怨恨。其实这背后是未满足的委屈和对爱的渴求，小阳无法用语言表达，就用攻击性和破坏性行为表达内心的怨恨和渴求。小阳进入中职学校住校后，沿用童年时期在家庭中形成的交往模式，一旦遇到了冲突、矛盾和困难，也就采用破坏性行为表达不满和需求。

第二，引导和指导家庭形成良好的支持环境。班主任要深入了解每一位特殊学生的家庭环境和成长背景，理解家长都希望孩子好的本心，同时又无法给孩子提供良好成长环境的艰难，可以给家庭提供一些具体的建议。例如，和案例中小阳的母亲交流，帮助她理解小阳问题背后的心理需求，建议她给予小阳更多的陪伴和关爱，协调继父对小阳尊重和支持等。良好的家庭环境和亲人的关爱可促进青少年的心智化成长。

第三，帮助反社会行为青少年建立良好的同伴关系和班级归属感。例如，根据小阳的爱好和特长，推荐其参加班级活动、学校社团等，培养兴趣，结交朋友，并给予积极关注和及时认可，从而增强其在班级和学校的归属感。老师和同学们真诚的关心和支持会弥补小阳依恋需求的缺失部分，在学习、生活中的成功会让小阳找到价值感和意义感，产生回声效应，对周围的人和社会也会回报以爱。

02 宅心也飞扬

——蛰居现象的干预措施

一 案例描述

小刚又请病假了！一个月请四次假，每次三天。因为三天是班主任批假权限的上限。怎么又要请假？！王老师带着满腹疑问进行了家访。

小刚是汽修专业二年级的学生，身高中等，体型微胖，性格内向，不善言谈，喜欢漫画，不爱运动，几乎没有朋友，在校期间基本能够遵守学校各项规定，成绩中等偏下。从一年级暑假开始，就不爱出门，即使初中同学找他玩，也借故躲起来。每天把自己关在房间里。开始时，妈妈还很高兴，觉得儿子懂事了，不到外面乱跑了。可是到了开学时间，小刚说不想上学，也不想出门，见人打招呼很累，学习很烦。妈妈以为是留恋假期，给班主任打电话说小刚还在外地没赶回来，给孩子请了假。后来断断续续去学校了几天，现在又不想去了，如此反复，已持续了半个学期。

王老师到小刚家时，小刚把自己反锁在房间里，妈妈叫了半天才开门。床上的被子散成一摊，衣服团成堆，书桌乱七八糟。王老师耐心询问了解到：假期，小刚参加初中同学聚会，老同学们都在上高中，大家畅谈理想，都有自己的学习目标。而自己却身在职校，内心充满挫败感，觉得自己很没用，上不上学都一样。父母念叨“不上学更没前途”“学技术也不错”之类的劝诫没用，批评打骂也没用，小刚照旧白天睡觉，晚上看小说、上网玩游戏、聊天，整日蜗居在家，不想走出家门半步。

二 案例分析

小刚这种行为是蛰居现象。表面看起来只是“宅”而已，但实际上是对现实生活的逃避反应，是一种社会退缩行为。社会退缩行为包括行为抑制、社会退缩及社会性孤独等。蛰居现象就是社会退缩行为的一种典型表现，宁愿处于狭小的生活空间，也不愿意步入社会，不上学、不上班、社会功能减弱，自我封闭地生活着。这类人群被称为“蛰居族”。

研究表明，蛰居的青少年往往是在现实生活中遭遇了自认为难以克服的困难或难以摆脱的苦恼时，就把自己封闭起来，选择在家的温床和避风港中，远离他人，远离社会，进而达到远离烦恼的目的。具体分析如下：当代社会竞争加剧和互联网的普及是青少年蛰居行为的社会背景；学校教育中的学习负担、竞争压力和挫败是青少年蛰居行为的直接原因；而青少年自身逃避的应对模式、拒绝长大、未分离个体化则是蛰居行为的主要原因。

另外，当今时代互联网营造的游戏、故事等组成的虚拟世界，使蛰居族实现了在现实中不易实现的理想、愿望，体验到了自我价值感，沉溺在 ACGN [英文 Animation（动画）、Comic（漫画）、Game（游戏）、Novel（小说）的合并缩写] 世界中，由此又进一步弱化了蛰居族探索现实的愿望及现实交往的动力，致使他们在现实世界中更加退缩和逃避。由此形成了恶性循环，对个人、家庭乃至社会都会造成消极的影响。特别是由于他们较少参与同伴交往，失去了与同伴互动的体验，缺少与同伴交往的方式与技巧，使他们在今后的人生发展中将会面临更多危险的因素。而且蛰居时间越长，就越难走出来，久而久之，蛰居青少年会变得更加沉默寡言，因缺乏户外运动和锻炼，身体健康也受到一定的影响。

三 干预措施

1. 如何帮助蛰居青少年走出家门，重返校园？

出现蛰居行为的青少年，一般有早期失败的经历，更容易体验到焦虑和紧张，缺乏自信心和进取心。因此建立和培养自信心是解决蛰居问题的第一步。

和家长建立教育联盟，为帮助学生走出家门而共同努力。在生活上，家长不能包办代替，如保证学生居家期间的正常作息，对于中职生，在家时的洗漱、洗碗、洗衣服、整理房间等事情都要让其自己完成，吃饭要在餐桌上而不是在自己房间或床上，尽量保持其交流和行为的能力。

从兴趣出发，投其所好，逐渐恢复其与人交流的能力，建立信任关系。蛰居的学生缺乏良好的人际关系，老师可以从他的兴趣出发，如案例中的小刚喜欢漫画，班主任就送给他一些漫画书，然后交流探讨漫画的故事情节，逐渐恢复其与人的交流能力，建立相互信任的关系。让好朋友约他出来玩，一起吃饭等，恢复现实的人际关系，让其产生与人交往的愿望和动力。

组织小范围内的集体活动。例如，老师可以带领小刚及与其关系较好的学生参加文体活动、郊外踏青、拓展训练，为其创设同伴交往的机会，关注其人际交往情况，及时给予指导，帮助其掌握基本的人际交往技巧，建立良好的人际关系，体验人际交往的乐趣。

发现学生的闪光点，及时进行表扬和肯定，培养自信心和价值感。

2. 怎样用家庭治疗的方法处理蛰居现象?

家庭治疗的观点认为，一个人的心理行为表现，既受到所处系统的影响，同时也影响着系统。家庭治疗将一个人的心理行为问题置于家庭系统中来看，一个人的非适应性行为或心理症状的发生、发展和维持，与家庭互动模式及其家庭功能有关。所以，处理蛰居现象时不能“看山是山，看水是水”，班主任老师必须要深入了解其家庭，协助家庭消除异常、病态情况，以执行健康的家庭功能。

在本案例中，小刚父亲常年在外打工，母亲照顾家和生病的姥爷很辛苦，常抱怨丈夫无能又脾气差，把希望寄托在儿子身上，对小刚照顾和管教过多，母子关系过于紧密，使长大的儿子仍像襁褓中的婴儿，没有机会学习与别人交往，缺乏独自生活和解决问题的能力。另外，小刚父母之间的关系紧张，经常吵架、闹离婚，当父母感情不和时，孩子常会“扮演”成病人，用一些非适应性行为或心理症状来维持家庭稳定。案例中当小刚蛰居在家不上学时，父亲回家的次数多了，夫妻也不闹离婚了，所有精力都放到如何帮助孩子上学的问题上。小刚已 17 岁，面临着与父母的分离，以一个独立的、成人的姿态在社会上出现，但因母子关系过于紧密并卷入父母冲突中，导致分离个体化的过程变得艰难，他离不开家的问题深藏在家庭功能失调中。

针对这一家庭状况，班主任老师要帮助父母看到教养方式和夫妻关系对孩子的影响，协助家庭成员挣脱僵化、刻板、习以为常的家庭互动模式，如妈妈适当放手，让小刚独立生活；爸爸常回家帮助妻子，缓解其焦虑情绪；夫妻之间改变以往互相指责的沟通模式，一起商量如何更好地合作帮助孩子等，使家庭成员学习彼此相处和应对冲突的更好方法。家庭要建立积极沟通和有效应对压力的模式，对小刚既是影响也是示范，会有效地促进他与父母的分离，走进校园生活，逐渐发展其成人的社会功能。

3. 如何打造良好的学习和生活团体，避免出现蛰居现象?

激发内部动机。动机是直接推动学生进行学习、交往等活动的内部动力。班主任要加强对学生进行理想教育、生涯规划教育，引导学生多参加探究和交往活动，如组织学生利用社会调查和实践的途径去了解所学专业的发展前景、目前就业形势、可能继续深造的方向，邀请本专业的成功人士到班级讲述职业发展故事等，帮助学生认识到当前学习的重要性，明确奋斗方向，通过目标引导学生自觉选择拒绝蛰居。

开展人际交往系列主题班会。人际关系是每个人成长过程中的重要课题。中职阶段既是学生自我同一性发展的关键时期，也是掌握基本交往技巧和形成基本人际交往模式的重要时期。班主任可以开展学会合作、懂得宽容、学会换位等人际交往技巧的主题班会，逐步调动学生认知、自我实现及交往的内驱力，做到在学习、交往等活动中预防和矫正学生的退缩行为。

为学生创造成功的条件和机会。班主任要了解学生的个性特点，发掘他们的潜能，创设条件，开展篮球赛、读书会、绘画比赛、名著推荐等内容形式丰富的活动，让每个学生都有表现自己并获得成功的机会，在享受成功喜悦和感受集体尊重、温暖中，不断增强自信心、进取心，积极主动地学习、探究和交往。

了解学生，因材施教。大量研究表明，内向气质中的抑郁质、黏液质学生易产生退缩行为，教师和家长要了解不同气质的特性及其利弊，因材施教。抑郁质学生严重内向，易形成胆小、孤僻、自卑和多疑等不良性格，教师切忌对他们公开批评，要加倍体谅、关心，给他们安排力所能及的任务，以使其经常获得成功的体验。黏液质学生内向、反应迟缓，易形成冷漠、不爱交往等个性，教师对他们不要以冷对冷，而是要热情，要允许他们有考虑问题和做出反应的时间，尽量使他们成功。

03 挡住那份诱惑

——偷窃行为的干预措施

一 案例描述

警车进学校了！这消息在校园里迅速传开：派出所民警来校调查情况，昨夜一点左右，某手机专卖店被盗，经查看监控录像，发现三名嫌疑人都穿着本校校服，经进一步指认，锁定为本校2017级三名男生，但监控中看不清面部。与此同时，学生处老师收到学生反映：网络技术班的小亮和明洋在四处兜售手机。

班主任杨老师来到学生处，听完民警讲述后，杨老师表示愿意积极配合调查，并向民警详细介绍了两个学生的情况。同时，杨老师提出，出于对学生的保护，避免不理智行为，先由她跟学生谈，若解决不了，再请民警介入。最终大家采纳了杨老师的方案。

经过深思熟虑，杨老师决定采取逐个击破和感化的路线。她先找两个人中平时表现较好的小亮，杨老师假装无意遇到小亮，和他聊起入学后的生活、学习和爸爸生病的情况。杨老师说：“小亮，老师很佩服你虽然家庭条件一般，但特别孝顺懂事，我的孩子长大后像你这般独立就好了。听说你还没手机，刚好我有一个旧手机，给你用吧。”小亮连忙拒绝，“老师，我有。”“是吗？什么机型？拿出来让我玩一下。”小亮立马拿出手机。杨老师说：“这手机还挺新的呢，什么时候买的？！”小亮立刻显得有些不自然，没有答话。杨老师继续聊天，说起了昨天晚上手机店被盗的事，并强调监控已锁定是本校的学生，一定会查出来，不过如果知错能改，也许还能从轻发落。最终，小亮说出了实情，交出了还未卖掉的手机，并讲述了昨晚他和另外两名男生偷窃的经过。

二 案例分析

当前，在青少年犯罪案件中，盗窃犯罪的比例相当高，而且呈上升趋势。根据青少年偷窃事件的性质，偷窃行为分为九种类型：因情绪冲动受物质引诱而不能克制的冲动型；因家贫且父母疏于管教，急需物品而偷窃的经济型；为反抗社会不公平而报复的反抗型；为减轻内心紧张的强迫型；在意识模糊状态下不能克制冲动产生的癫痫型；自我堕落的堕落型；受英雄主义支配而为团体做事的集体型；缺乏法律常识及物权观念的无知型；物质欲望过高的占有型。上述案例中小亮的偷窃行为属于因急需物品而偷窃的经济型。

无论哪种偷窃行为，都与个体需求的心理满足程度有很大的相关性。例如，有一些青少年的财物遗失或被盗窃时，内心的平衡被打破，产生“老实人总吃亏”的想法，采取“以眼还眼，以牙还牙”的方式来挽回自己损失的财务、面子和安全感，增强内心的自我掌控感。此外，有的父母管教过于严格苛刻，过度限制孩子的零用钱，使孩子的自我需求无法满足，开始偷窃。

此外，青少年好奇心强，是非意识较差，爱慕虚荣的攀比，容易盲从，追求物质享受；寻求刺激，具有较强侥幸心理都是引发他们偷窃和多次偷窃的原因。

归属的需求是青少年学生特别重要的心理需求。他们希望得到集体或同辈群体的承认与接纳，如果能够得到积极回应，就会增强他们的归属感。当青少年不能拥有同辈或同辈团体其他人所拥有的东西（如可能是手机）时，就会为不能融入其中而感到羞耻，并为此深感困扰，会认为这阻碍了他们融入团体。因此，为了获得同伴们都拥有的物品，会不惜使用偷窃的方式设法得到，从而获得被认同感。

在每个人的人格深处，都有着对尊重的需求，这意味着他们的人格受到尊重，能力被认可，自主发展就会顺畅，青少年精神境界就会符合社会发展的规范。如果尊重的需求得不到满足，对于处在青春叛逆期的青少年而言，他们的行为就会逆社会规范而动，表现出包含偷窃在内的各种问题行为。本案例中，小亮最终能够向杨老师交代偷窃的经过，正是因为杨老师的话让他感受到了被尊重。

三 干预措施

1. 发现偷窃行为，班主任如何处理？

事实表明，在不同年龄阶段的学生都可能出现偷窃的行为，小到几块钱的文具和零钱，大到上千元的手机、相机和大额现金等，特别是在住宿生群体中，更易发生。班主任一旦发觉班里存在偷窃行为，需要从以下几个方面入手处理：

调查核实，摸清细节。一旦发现学生存在偷窃行为，教师不要立刻声张、实施惩戒教育，而要进一步调查核实，摸清细节。例如，要了解该生的偷窃行为是偶发的还是习惯性的，其偷窃的动机和背景是怎样的，偷窃财物金额是多少等。

具体问题具体分析，恰当处理。根据核实的情况细节，具体问题具体分析。如果偷窃行为是偶发的，动机比较单一，是一时的冲动行为，学生对行为的后果和危害性有了深刻的认识和反省，下一次偷窃的概率就很小；如果不进行及时的、深刻的教育和反省，当遇到相同的情景时，仍然有可能重复同样的错误行为甚至犯罪行为。对于习惯性的偷窃行为，首先要进一步调查其家庭背景和成长环境及重要相关人。然后进行甄别和分析，综合考虑其成长过程中的偶然事件和环境的影响。一般情况下，教师应要求知情学生不要在他人面前提及，争取把事件的影响范围缩减到最小，避免伤害学生的自尊心，造成破罐子破摔。

进行个别辅导和教育。针对行为者的具体情况对其进行物品所有权观念的教育、自制力的教育、换位思考的教育、法律意识的教育等，激发其改变偏差行为的动机。然后运用认知疗法和行为改变技术，纠正其对偷窃行为的观念偏差，帮助其重建自我内在语言，明确是非观念，改变不良行为。

监督承认错误与道歉，根据相关规定给予处理或处分。不管哪种偷窃行为，都需要行为人承认错误并真诚道歉，强调个体要对自己行为负责。从形式上可以根据偷窃行为的具体情况，可采用公开或私下认错、道歉以及归还财物，需要做出赔偿的也要相应地做出赔偿。同时要根据相关规定给予处理或处分，让其承担偷窃行为的责任和后果。

后期跟踪与关注，确保步入正轨。偷窃事件处理结束后，要持续跟踪和关注行为者的状态，巩固教育效果，促进其良好行为习惯的养成。

2. 班主任应对偷窃行为应该坚持哪些基本理念？

重视行为性质。学生偷窃行为的动机和诱因各种各样，但是偷窃行为的性质是一样的。在处理过程中，班主任要引导学生直接面对偷窃行为本身，不回避、不袒护、不扩大、不过度渲染情绪、不得过且过，要就事说事，引导学生为自己的行为负责。这个环节是探索学生偷窃行为的契机，也是改变的前提。

注重现在表现。让学生看到偷窃造成的不良后果和影响，让学生正视自己的错误，明确今后的成长方向。此外，要让学生看到自己除了犯错以外还有很多优点长处，看到还有哪些条件可以改变或改善，强调学生的潜能和积极特质，不重提学生的“历史问题”，不翻旧账。

强调价值判断。引导学生对已发生的行为做出自我判断，特别是对行为性质做出价值判断。明确其人生态度和行为导向，强化其在发生价值冲突时的判断依据。

强调行为负责。为偷窃行为负责，承担偷窃行为的后果。青少年学生正处在人生观、价值观形成的关键时期，其人格具有很强的可塑性，不能采取遮掩或忽视的态度，更不能用包庇的举动，任何转移视线的观念和评价都会滋长其侥幸心理，更会加重偷窃行为。要让学生承担自身行为的责任和后果。

注意保护人格。把学生的人格和学生的偏差行为进行区分，明确批评教育和需要改正的是其不当行为，对其人格和自尊要保有尊重和保护的态度。不随意扩大，不旧事重提，以免学生自尊心受到伤害，对心理造成无法挽回的伤害。如果发现存在讥讽该学生的其他人，班主任要及时制止，使其重新找回自尊，重拾自信。

坚守法律底线。个人盗窃财物“数额较大（一千元至三千元以上）”即构成犯罪。一旦学生触犯了法律底线，须上报学生处，移交公安司法机关处理。

3. 怎样预防青少年学生出现偷窃行为?

加强法制教育。在学校教育中要切实加强法制教育，树立法治权威，认真学习法律知识，从而做到知法懂法、守法用法，守规则，明底线，树立健康的思想意识，养成良好的行为习惯。

加强班风建设。班级是学生生活和学习的重要环境，班主任要着力打造积极健康的班风，不攀比，不崇尚物质享受，学会合理消费，引导学生建立平等尊重的人际关系，让每个学生在班级里都有价值感和归属感。

加强品德教育。加强思想品德教育，引导学生明辨是非善恶，树立正确的价值观，增强社会责任感，追求高尚的道德情操，帮助并引导学生通过恰当的途径满足和实现自己的物质和精神需求，避免违反社会规范行为的发生。

加强家校沟通，督促并指导家长做好家庭教育。协助家长做好亲子互动，保持良好的沟通，增进互相理解，让孩子参与管账，了解家庭的消费状况；让孩子了解家长的工作及工作中的喜与忧，艰辛与不易，激发孩子的家庭责任感，运用家庭的力量促进青少年沿着社会规范的要求发展。

04 不做假“富豪”

——过度消费行为的干预措施

一 案例描述

晚 9 时，赵老师打开手机，发现有个链接在朋友圈里以几何速度传播，仔细一看主人公居然是自己班的学生大军。在短短的 18 秒视频中，大军被打得鼻青脸肿，哀求说："我保证，保证下个月全部还清！"赵老师疑惑，这是平时那个阳光男孩大军吗?

大军是职高二年级学生，长相帅气，出手大方，身边聚集了很多朋友，女同学们更是蝴蝶一样围着他转。他的衣服都是阿迪达斯、耐克最新款，还经常请同学们唱歌、喝酒，还不断给心仪的女生送礼物，几百元的香水送起来就像送矿泉水，看起来像是富二代，怎么会欠别人的钱，还因此而被打呢?

赵老师立即展开了多方面调查，发现大军现在家境一般，家里开工厂赔了钱，经济比较紧张，大军从小被父母宠爱，过惯了优越的生活，感觉穿戴普通就会没面子，在人群中没地位，因为怕被别人看不起，所以摆出一副阔绰大方的样子，部分同学的"众星捧月"更助长了他的虚荣。大军父母不支持他的过度消费，他便在一位 QQ 好友的"帮助"下在网上贷款 8000 元，从上学期开始过着寅吃卯粮的日子，几个月下来，随着消费的节节攀升，他发现需要还的贷款本息高达 20000 元，凭自己的能力根本无法还贷。因为没法还钱，大军才被催债的人殴打，还被拍了视频传到了网上。

二 案例分析

本案例中大军的行为属于过度消费。过度消费是指与经济状况水平不相适应，且超出基本需求和支付能力的消费，是一种扭曲的、不可持续的消费方式。此外，大军还涉及了校园贷的问题。校园贷是指在校学生向各类借贷平台借钱的行为。当今，有些家庭无力负担孩子的过度消费，而急速膨胀的消费欲望则会促使学生通过各种途径寻找贷款平台，如分期购物、传统电商平台提供的信用贷等，甚至是民间高利贷。案例中的大军想享受优越的物质生活，在买高档衣服、送朋友礼物、吃大餐而余额不敷时，采取了"花明天的钱，圆今天的梦"的应对方式，结果"贷时轻松还时难"，遭遇了暴力催收这样的校园贷恶果。

中职生过度消费并非单一因素所致。从宏观上讲，随着时代发展，社会经济迅速繁荣，人们的整体消费水平不断提升，学生的消费需求也水涨船高。另外，随着互联网的普及，网上借贷消费开始在大中专校园里逐步火热起来，这无疑更助长了学生过度消费的恶习。从微观上讲，学生的个体特征是过度消费的直接原因。首先是消费的价值观念。一些中职生认为高档消费才是时尚，可以让自己获得优越感，而简朴节约则是老土，是没本事的体现，会遭人耻笑，于是他们在消费时大手大脚，甚至盲目攀比，不顾及自己的消费能力和现实需要。

此外，中职生的心理状态也可能导致过度消费。一是低自尊，有些中职生因经历学业落后或遭受漠视等，内在的自尊感较低，即对自我缺乏接纳和肯定，但对外界的评价和社会的认可很在意，渴望得到表扬，希望通过着装、形象、消费等外在因素提升自我价值。例如，案例中的大军，把消费作为衡量自我价值的一种方式，经常吹嘘自己有钱，并与他人分享和炫耀，希望华丽的服饰和阔绰的请客能够得到别人的赞赏。但是这种消费带来的自我价值提升感转瞬即逝，于是不得不继续消费更多。二是孤独，孤独是过度消费的催化剂。研究表明，当人感到非常孤单、空虚时，购物消费会带来愉快的刺激。三是焦虑，一些学生因无法解决和控制在生活学习中产生的问题和压力，而通过过度消费宣泄负面情绪。四是交往需求，有一些过度消费的中职生希望自己在别人眼里是完美的，希望得到每个人的喜欢，所以采取了讨好式交往模式，如请客、送礼物、过分在意自我形象等，以此获得归属感。

三 干预措施

1. 作为班主任怎样帮助校园贷的学生度过危机？

班主任要当好协调员的角色。以本案例为例，班主任赵老师在发现视频后，要首先做好大军的安抚和教育引导工作，密切关注其情绪和心理动态，避免其做出自伤、报复等不理智行为；然后及时上报学生处，邀请家长到校协同解决，必要时学校帮助家长向公安机关报案。

2. 怎样帮助有过度消费的学生矫正消费行为？

对于中职生而言，除了必需的学杂费、书本费之外，生活消费要学会量财而出。对于存在过度消费的学生，可以从以下几个方面对其进行心理和行为的矫正：

第一，关注学生的内在心理状况和需求，通过观察，家访，访谈同学、舍友等方式，整体了解该生的生活学习情况和成长经历，看到过度消费背后的心理原因。在辅导过程中，不能把过度消费当作错误来惩罚，而是看作成长的索引和契机，不单从改变消费行为着手，而是以整个人及其生活的系统为辅导对象，通过会谈、行为辅导等方式，影响学生的认知、情感和价值观念，达到促进学生心智化水平和人格发展的目标。在本案例中，班主任赵老师通过多方调查，了解到大军家虽然在农村，父母开厂挣钱不少，在村里过得数一数二，受人羡慕。这种“有钱就能获得尊重”的观念也深植于大军内心。当近几年生意不好做，家里赔了钱后，过惯了锦衣玉食日子的大军就开始了借贷。此外，赵老师从宿管老师和舍友那里了解到，大军有些洁癖，过于讲究穿戴，任性又小心眼，人际关系其实并不好，但大军出手大方，经常请大家吃喝，所以交往表面上看还不错，但都是酒肉朋友，知己很少。由此可看出，过度消费的背后有家庭教育、家庭文化、成长经历、个性特征、交往环境等多方面原因，要系统、全面地看待过度消费问题。

第二，针对过度消费问题进行系列行为训练。通过校本课程或活动等，加强理财教育，帮助学生学会一定的理财技巧，合理安排资金的日常收支。例如，中职生要掌握五项理财基本技巧：一是学会记账，保存近期的账单、月结单等，清楚各方面的财务情况，每个月对实际花费和预算支出做出比较和分析，调整消费行为；二是控制支出，抵制诱惑，通过生活账本，把每天消费的数额记下来，看看是否与预期相符，如果发现超支，第二天一定要坚持不消费，以作为弥补；三是学会节省，互惠互利，如不冲动购物，不花钱买好心情，学会调整情绪，和同桌协商各买一种参考资料，交换使用；四是零存整取，化零为整，定期将零钱存入银行，有较大需求时再取出；五是尝试劳动，利用节假日进行社会体验、社会调查或打工，从中体会生活的艰辛，真正理解每一次消费的价值。

第三，家校联动，注重消费引导。美国把理财称为“从3岁开始实现的幸福人生计划”，而理财及消费观念的引导离不开家庭的支持。中职生应该了解家庭的收入及分配，但很多父母要么觉得孩子还小，要么是不想让在外读书的孩子承担压力，往往不把家庭的实际境况告诉孩子。这就导致很多学生不知珍惜，没有合理消费和储蓄的概念。老师要引导家长把家庭经济情况告诉孩子，和孩子一起对家庭的收入和支出进行量化分析，这样可以促进孩子的成长成熟，让其尽早为家庭承担责任，形成合理消费的意识。

一个人的消费行为是长期以来形成的生活习惯和生活方式，老师要鼓励学生学会坚持，增强自制力，拒绝物质诱惑，心智成熟及消费观念的改善，必能促成过度消费行为的改变。

05 从虚拟到现实的王 × 荣耀

——痴迷网络游戏的干预措施

一 案例描述

120救护车呼啸驶出校园，班主任王老师陪同满脸是血的小东赶往医院，护士做着止血、包扎和各项检查，此时的小东已恢复清醒，面无表情，看着地面说："不要叫家长来。"

王老师回答："这事从为你负责的角度必须要通知家长啊。"

"不行！你要叫家长，都没得活了。只要不叫家长，你说咋办就咋办。"小东斩钉截铁地说，眼睛依然看着地面。

"好吧，如果医院检查无大碍，就不通知家长。如果撞得严重，医生说需要你的监护人知晓，那就得叫家长来。"

小东甩出一句："不用叫家长，我会把医药费转给你的。"

眼前这位小东就像一个谜，长得瘦瘦高高，总是独来独往，沉默寡言，从不参加班级活动，整天抱着手机，成绩中下游，被同学称为高冷男，酷酷的样子很受女孩子青睐，却和任何人都保持距离。这次是因为在英语课上，玩手机被老师没收，小东非但不认错，反而要求老师还他手机，老师说："不行，先听课。"小东突然用力撞向课桌，边撞边说："还我手机，还我手机！"同桌拽他胳膊想制止，结果小东撞到了课桌角上，当场晕了过去，额头冒血。老师随即拨打了120。

经检查，小东额头只是皮外伤，包扎后观察了两小时就从医院回到学校。到了宿舍，王老师把手机放到桌上，小东说了句谢谢，拿起手机给王老师转钱，王老师疑惑哪有这么多钱，小东说打游戏挣的，他玩游戏已达最强王者段位，组建的战队所向披靡，很多人申请让他代刷成就或代练。英语课上，当时他正在打一个重要的排位赛，被没收手机就会影响到战队的全服排名，所以才造成了他的情绪失控。

二 案例分析

小东事件属于典型的沉迷网络游戏的案例。在这个计算机和智能手机普及的时代，电子游戏迅速发展，很多学生都成了游戏玩家。2019年2月，中国青少年研究中心发布的《中小学生及其家长网络游戏认知与态度研究》报告，数据显示仅 11.5% 的中小学生不太喜欢和很不喜欢网络游戏，超过七成学生持接受态度，其中不喜欢玩的男生比例不到 10%。玩游戏似乎已成为当代学生的一种休闲娱乐方式，但家长和老师非常担心网络游戏的负面影响，尤其担心成瘾。

2019 年 5 月 25 日召开的第 72 届世界卫生大会上，世界卫生组织（WHO）首次将称为“游戏障碍”电子游戏上瘾行为列为疾病，《国际疾病分类第 11 次修订本（ICD-11）》中，专门为“游戏障碍”设立条目（见拓展资料 10）。如何界定游戏障碍呢？每个人对某个事物或多或少都有难以割舍的“瘾”，这种“瘾”属日常生活语言，一般没什么危害，还给生活增加了些乐趣。但医学意义上的成瘾，如海洛因、可卡因、酒精等物质成瘾，电子游戏、赌博等行为成瘾，则会对个体造成相当大的负面影响。很多研究表明，行为成瘾和物质成瘾在症状上有很多相似之处，如二者都存在渴求、耐受和戒断症状，引起内心苦恼及社会功能受损，脑影像的研究也提示了游戏障碍和物质成瘾的类似脑机制。

要界定正常的网游上瘾和病理性成瘾行为，并不是一件容易的事，诊断标准的意义就在于界定出异常的行为。

区分病理性游戏行为有两条核心特征，一是游戏成瘾者花大量的时间和精力玩游戏，忽略现实生活，无法再承担以往的社会角色，不参与社会生活和人际交往；二是丧失对自我行为的控制，让游戏完全支配了生活。游戏世界和现实世界原本是可以平行存在的，但当电子游戏取代了现实世界，可能就预示着真正的问题出现了。老师不具备诊断的能力和权限，不能下定论或贴标签，可借助此标准来了解学生。如果学生出现以上状况，需要推介到医院精神科或心理科进行专业诊断。

案例中小东的课堂听讲、学习成绩、人际关系、情绪状态等受到手游的影响，但仍然上学、上课、交往，仍有社会功能，不符合病理性成瘾标准，属于一般性痴迷游戏。小东因手机没收而自残，是具有现实原因的偶发事件，老师及时的干预和辅导能够帮助其调整好状态。

三 干预措施

1. 走进学生的内心，理解网游对于学生的意义

作为教师要带着尊重和好奇的态度，了解网游对学生意味着什么，而不是

视网游为洪水猛兽，看到学生玩手游、电游就一棒子打死，结果往往适得其反。

电子游戏为何如此吸引学生呢？

一是让人着迷的自我实现感。电子游戏在开发阶段就引进了让人着迷的自我实现功能，如升级、获取装备、结婚等，可以获得在现实中不易获得的地位、金钱、权力、情感等。对于一些在现实生活中遭遇学业失败、人际冲突、情感受挫等的学生而言，游戏可以成为一种短暂的对现实世界的逃避。在游戏里建立不一样的人设和关系，提供了个体存在的意义和自我实现感。

二是及时反馈的认同与价值感。游戏世界是一个有限的、简化的世界，任务和规则非常明确。在现实世界中，我们的行为难以获得及时反馈，比如学习上努力了一周可成绩提高不明显，性格上调整了三个月却难以扭转他人印象，这往往让人内心产生无力感。游戏恰恰能满足个体需要的及时反馈，只要按游戏规则，付出一定会有收获，而且马上能得到反馈，如经验值增加、金币奖励或级别升高，网络多人在线的游戏方式还提供了社交反馈。就像案例中的小东，很多人请求加入他的战队，对在现实生活中人际关系疏离的小东而言，无异于雪中之炭。

三是不用承担责任的自由感。在游戏世界中，人们不用承担现实生活中同样行为造成的后果，游戏输了可点击“再来一次”一键复活。游戏提供了一种低成本、低风险的生命体验方式。例如，案例中的小东在现实中是比较退缩的人，而在游戏中却是号令天下的王者。

此外，游戏带来的感官刺激、精神享受、现实报酬（通过游戏挣钱）也是不可忽视的因素。对于青少年而言，网游就像打篮球、吃美食、看电影一样，是一种娱乐方式，只要学生不因此影响其社会功能，老师要允许，要理解。案例中，小东愿意和王老师敞开心扉，就是因为老师将手机归还给了他，他感受到了老师的理解和信任。总之，理解是一切教育的前提，跨过时代的距离，站在学生的角度看网游，是走进其内心的第一步。

2. 满足学生成长需要，打造现实版的荣耀王国

20 世纪早期，有专家做了这样一个实验：在笼子里放一只老鼠，给它两瓶水，一瓶有海洛因或可卡因，一瓶是普通水，老鼠通常会选择喝有海洛因的水，很快就死亡。这个实验似乎证明药物会上瘾。但一位温哥华的心理学教授布鲁斯·亚历山大重新审视了这个实验，认为把老鼠放在笼子里，它无事可干，只能去嗑药。于是又做了另一个实验，他建了一个比较大的笼子，里面有奶酪、

彩球、隧道，而且还有很多小伙伴，是一个地地道道的“老鼠公园”。笼子里也放了两类水——普通水和海洛因水，结果是过着愉悦社区生活的老鼠从来不碰海洛因水，也没有老鼠因此而死亡。当重复第一个实验时，老鼠嗑药的比例则几乎是100%。

荷兰的彼得·科恩教授认为老鼠嗑药的行为也许不该称为物质上瘾，而应该叫作“联系”。人类天生具有与外界建立联系的需求，当一个人感觉健康、快乐，他会倾向于与他人建立联系。如果在社会生活中受到创伤、被隔离，或者被生活打败，会与某些能带来安慰的事物建立联系，如赌博、色情、毒品、网游等。很多家长困惑“手机摔了、网线拔了，骂他，打他，为什么不管用？！”那是因为，用伤害孩子自尊、价值和情感的方式帮他，无异于扬汤止沸，只能让他更加逃离现实，和网游关系更加紧密。只有帮助孩子建立与外界健康、快乐的联系，才是釜底抽薪之道。

那么，作为班主任，该如何帮助学生建立健康的“联系”，让他们从成瘾的泥潭脱身呢？那就是打造健康班级，满足学生心理需求，建立现实版的荣耀王国和成长乐园，让学生在现实生活中建立良好的亲密关系。这样的班级一般需要满足以下几个条件：

一是满足学生心理安全的需要。创建良好的班风，让学生在班级生活中敢于展现真实的自我，不担心因做得不好而遭遇排斥或嘲弄。

二是满足学生爱和归属的需要。创建彼此接纳、团结友爱的班级人际环境，每个学生都有合作的伙伴、谈心的朋友等，让学生找到归属感。

三是满足学生被尊重的价值需要。老师尊重并关爱每一位学生，倡导彼此尊重，发掘彼此的优点和长处，让每一位学生都感受到在班级中不可或缺的被需要感，肯定自己的生命价值。

四是满足学生自我实现的成就需要。不以成绩或纪律一把尺子评价，给每一位学生创设展示自我才华和获得成就感的平台，特别是运用及时反馈，让每一位学生的努力被看到、被肯定。例如，案例中的王老师，可以推荐小东当学校计算机房的管理员助理，定期协助计算机老师为计算机杀毒、重装系统、处理故障等，让小东在校园生活中获得网络游戏中的荣耀感，从而用管理机房、钻研计算机技术这个“新欢”替代网络游戏这一“旧爱”。

3. 建立家校联盟，为学生提供良好的支持系统

学生对于网络游戏的痴迷有多方面原因，其中也包括家庭成长环境。案例

中，小东最担心的是叫家长，王老师在后期了解到小东从小生活在父母争吵、冷战、分居而又贫困的家庭中，经常因学习差而受批评，为玩网络游戏没少挨打。一些研究表明，父母婚姻质量和亲子依恋均与青少年的网络成瘾呈显著负相关，而父母冲突与青少年网络成瘾呈显著正相关。也就是父母婚姻质量越差、亲子依恋关系越差，青少年网络游戏成瘾的可能性会越高。

对于像小东这样的家庭情况，除非严重危机必须通知家长的情况外，老师不要为了“告状”而叫家长，而要通过家访等形式了解情况，再帮助家庭为孩子提供有效的教育和支持。

老师要理解家长担心、焦虑的情绪，建议家长理解孩子，切忌贬低和打骂。沉迷游戏的孩子内心很冲突、很痛苦，一方面想要努力变好，另一方面又无法控制行为，往往会感到懊悔自责，甚至自残。所以建议家长要有耐心，关心理解他们，站在孩子的角度去理解，发现其内心真实的需要。家人特别是父母的理解、支持、帮助是孩子摆脱游戏和网络迷恋的最有力的资源。可以建议家长通过家庭心理咨询，掌握有效的方法，帮助孩子逐渐摆脱游戏或网络迷恋。

拓展资料 10

《国际疾病分类第 11 次修订本（ICD-11）》中，为“游戏障碍”设立条目，明确“游戏障碍”的多项诊断标准。世界卫生组织表示，确诊“游戏障碍”疾病往往需要相关症状持续至少 12 个月，如果症状严重，观察期也可缩短。现行标准中一共列出了九种症状，一般要满足其中五项，可考虑后续判断。

（1）完全专注游戏（玩游戏的行为、回想玩游戏和期待玩游戏支配日常生活）。

（2）停止游戏时，出现难受、焦虑、易怒等症状（不能玩游戏时出现戒断症状）。

（3）玩游戏时间逐渐增多。

（4）无法减少游戏时间，无法戒掉游戏。

（5）因游戏对其他爱好丧失兴趣，放弃其他活动。

（6）即使了解游戏对自己造成的影响或潜在危害，仍然专注游戏。

（7）向家人或他人隐瞒自己玩游戏的时间。

（8）通过玩游戏逃避问题或缓解负面情绪，如罪恶感、绝望感等。

（9）因为游戏而丧失或可能丧失工作和社交。